HISTORIA DE LA LITERATURA
HISPANOAMERICANA

CARLOS HAMILTON

VASSAR COLLEGE

Ex-catedrático de la Universidad de Chile y
de Columbia University

HISTORIA DE LA LITERATURA HISPANOAMERICANA

PRIMERA PARTE

COLONIA Y SIGLO XIX

▽

LAS AMERICAS PUBLISHING COMPANY

NEW YORK, N. Y.

*With this book the author pays tribute to Vassar College
on the occasion of its centennial
1861-1961*

PROLOGO

El estudio de la Literatura hispanoamericana es, relativamente, reciente. En las universidades españolas sólo ha comenzado en los últimos quince años; en Hispanoamérica misma, fuera de elementos de literatura nacional, en cada país, el ámbito histórico del Continente ha sido objeto sólo de estudio especializado. En Estados Unidos, el estudio de la Historia de nuestra América fue iniciado hace un medio siglo, especialmente por el Prof. Bolton, de California, quien dejó una importante escuela de hispanistas. Pero la Literatura de las Repúblicas iberoamericanas, de habla española o portuguesa, sólo principió a estudiarse en este país con la fundación de la primera cátedra separada, en la Universidad de Columbia, por el maestro Federico de Onís, en 1916.

Desde entonces, el estudio de las cosas iberoamericanas; historia, cultura, sociología, economía, literatura, artes, se ha ido extendiendo. Y hay no pocos textos para el estudio de la literatura de Hispanoamérica. El primero, en 1916, el de Alfred Coester; los estudiosos norteamericanos utilizan hoy día los de Luis A. Sánchez, Arturo Torres-Ríoseco, Enrique Anderson-Imbert, Pedro Henríquez-Ureña y los Manuales de Crow-Englekirk-Hespelt-Leonard y del Prof. J. B. Trend.

Las Historias literarias escritas en Hispanoamérica (no conozco aún la anunciada de Ricardo Latcham) suelen ser poco difundidas fuera de sus países de origen, insisten exageradamente en lo nacional y no suelen reimprimirse una vez agotadas. Hay numerosos estudios monográficos sobre muchísimos puntos de nuestra disciplina. Pero todavía se echa de menos el libro que, sin ser elemental, sea fácil de utilizar por los estudiantes; y que, sin dar demasiados detalles pase de ser un

7

simple ensayo de impresiones; un texto que, a la vez que dé información suficiente, no se quede en mera guía telefónica, y que dando una visión de conjunto alcance a decir algo sobre autores, obras y momentos históricos importantes.

Es decir que, no sólo porque mis amigos me han convencido, sino por mi propia experiencia de profesor de literatura hispanoamericana, en Columbia University, Fordham University, New York University y Vassar College, creo que todavía hay cabida para un nuevo texto, que me imagino como una "Introducción a la Literatura Hispanoamericana".

*

* *

El enfoque de este libro será distinto. Hay criterios muy diversos sobre cómo ordenar una Historia de la literatura hispánica de América. No digo que mi manera sea mejor; pero creo que dará por resultado algo nuevo, o por lo menos, distinto y útil, para el estudioso de nuestras letras; especialmente —aunque no exclusivamente— en el ambiente de las universidades norteamericanas. Lo cual no quiere decir que este libro sea un "texto más", con toda la anodina sequedad de los textos. Es más bien un ensayo que pueda leer cualquiera persona que se interese por conocer lo fundamental de nuestras literaturas. Y este "fundamental" no significa tan sólo hombres y nombres importantes, sino también actitudes del pensamiento, la emoción o acción característica de un pueblo o de un movimiento artístico determinado.

A mi juicio, la Literatura de Hispanoamérica no es, en *primer* lugar, un simple apéndice de la literatura de España. En *segundo* término, no consiste solamente en la suma de literaturas nacionales de veinte naciones hispánicas, ordenadas por orden alfabético o geográfico, o sin orden alguno, como suelen hallarse. *Tercero,* la literatura iberoamericana, como un gran todo variado y uno, ha de situarse dentro del ámbito de la literatura universal y comparativamente frente a la de los Estados Unidos. No sirve acumular nombres de tercera categoría para demonstrar que la literatura de un pequeño país es un monumento colosal. Hay que emplear perspectivas: en lo nacional, en lo continental, en lo mundial.

*
* *

La Historia —cualquiera que sea su materia— no puede ser un simple catálogo cronológico de hechos y nombres. La Historia Literaria ha de superar la simple Bibliografía. En lo posible, es menester presentar una "historia genética", que explique las causas de los movimientos de época, las coincidencias y características de semejanzas entre períodos y países, a la vez que señale la ruta fundamentalmente única del movimiento cultural del continente.

Como la unidad y la variedad alternan su predominio según los períodos, hay un estudio común de la Colonia, otro común sobre el siglo XIX desde la Independencia, y otro común sobre el Modernismo. Son tres momentos de la mayor unidad e intercomunicación americana. Como en el siglo XX la literatura hispánica de América, ya llegada a la madurez, es abundante y de valor, estudiamos en cuadros generales los movimientos con sus representantes en cada país, si los hay; luego dividimos la producción literaria de las últimas décadas por géneros literarios. Así, la disposición sistemática aclara mejor que la simple ordenación cronológica o nacionalística, el panorama de nuestras letras. Este volumen abarca la Colonia y el Siglo XIX.

El Brasil emplea otra lengua hermana y espero hacer más adelante la "Introducción a la literatura brasileña", una vez concluído el presente empeño.

Hace muchos años que sentía la necesidad de esta introducción histórica a nuestra literatura; en realidad, desde mis años de estudiante. Luego sentí la urgencia de expresar mi modo de ver el rico acervo de nuestras letras. La oportunidad

9

única de enseñar Literatura hispanoamericana a cursos graduados de la Universidad de Columbia, acudiendo al llamado del profesor De Onís, me facilitó la oportunidad y el método para determinar, analizar y sintetizar esta historia. La curiosidad y sorpresa que despierta en los estudiantes, tanto norteamericanos, como extranjeros y aun hispanoamericanos, el tesoro poco conocido de las letras hispánicas de América, en todos los períodos de su historia, entusiasma mi tarea de expositor. Que el entusiasmo por lo propio no empece al rigor de la crítica; antes bien evita que la crítica se convierta en anatomía patológica y permite recrear para el estudioso un panorama vivo de nuestra cultura.

Mil gracias al profesor Gaetano Massa, director de "Las Américas" por su entusiasmo estimulador de esta obra.

Carlos D. Hamilton

Vassar College

Poughkeepsie, N. Y., 21 de mayo de 1959.

". . . la América nuestra que tenía poetas desde los viejos tiempos de Netzahualcoyotl . . ."

RUBEN DARIO

CAPITULO I

INTRODUCCION A LA LITERATURA COLONIAL

Para comprender la literatura de la América española, hay que entender, primero, lo que suele llamarse la "filosofía española de la Conquista". De ella dependen: el sistema de educación implantado en las Indias, la fundación de universidades e introducción de la imprenta, así como la producción literaria temprana, de autores no sólo españoles peninsulares, sino de criollos, mestizos y aun indios puros.

Para apreciar mejor la producción literaria colonial y los principios colonizadores hispánicos que la explican y hacen posible, conviene comparar con el sistema colonial inglés de la América del Norte.

Existe el prejuicio de que ninguna colonia puede presentar una producción literaria de algún valor. A esto se agrega la general ignorancia de las cosas de España. Y estos dos elementos sumados a un inconfesado sentimiento de superioridad racial sajona, tienden a descartar la existencia misma de una literatura hispanoamericana del período colonial. La mayoría de los textos, por su parte, o señalan dos o tres grandes nombres —Sor Juana, el Inca Garcilaso— dando así la impresión de que son excepciones en lugar de cumbres; o tratan a los nombres ilustres de nuestra cultura como simple producto de la Edad de Oro española, accidentalmente vinculados a América.

Pero la verdad es que: 1, hay una literatura hispanoamericana, original y distinta —no digo independiente aún— de la española, desde los días del Descubrimiento; y 2, las colonias no suelen tener literatura. Es verdad; pero es que la América Hispánica no estaba compuesta de "colonias". La corona de Castilla no llamó nunca "colonias" a sus "reinos de Ultramar"; sino "reinos de las Indias". Y un maestro vasco de la Universidad de Salamanca, Fray Francisco de Vitoria, comparaba, en 1529, la soberanía y dignidad política de esos "reinos" indianos, con las de los reinos europeos de Francia, Castilla y Venecia. Para reforzar impresiones, vale la pena comparar la rica cultura que floreció en la América española durante los siglos XVI, XVII y XVIII, con la escasa producción artística y literaria de la América inglesa, que sí era colonia.

La España descubridora. La España que descubre a América en 1492 es la de los Reyes Católicos, don Fernando de Aragón y doña Isabel de Castilla, bajo cuyo reinado comienza en España la Edad de Oro de su Renacimiento. El Renacimiento español que sigue al italiano, y precede al francés, llena dos siglos en vez de uno. Cuando los ingleses establecen su primera colonia, la de Virginia en 1606, ya tienen las instituciones españolas más de un siglo de existencia. México es conquistado en 1519, el Perú en 1524, Chile en 1539. A fines del siglo XVI un mestizo, hijo de un capitán conquistador y de una princesa inca, traduce del italiano los *Diálogos de amor* de León Hebreo. El Renacimiento español se continúa en tierras de América. El renacimiento inglés apenas si asoma en el siglo XVII bajo la seca severidad de los puritanos ingleses, contra los que había tenido que luchar Shakespeare.

Shakespeare no sueña con venir a las colonias americanas, meta de comerciantes. Pero Cervantes sí, tres veces, solicita cargos, en Guatemala, en Santa Fe de Bogotá y Charcas (actual Bolivia). Tirso de Molina y Gutierre de Cetina estuvieron en México. Y mientras no hay un solo nombre americano que contribuyera al siglo de Isabel en Inglaterra, Sor Juana Inés de la Cruz, Juan Ruiz de Alarcón, Ercilla, Diego de Hojeda, Bernardo de Balbuena, Garcilaso de la Vega Inca, son glorias americanas del siglo de oro español.

Las artes no dejaron rastro en las colonias inglesas del Norte. Mientras que el barroco español embelleció todas las tierras civilizadas por España o Portugal, desde las Misiones franciscanas de California hasta los dorados templos de Quito, del desierto de Atacama a las selvas amazónicas del Brasil.

Los indios. Los indios del Norte americano no poseían un grado notable de cultura. En cambio en las tierras colonizadas por España, las culturas Maya y Azteca en el Norte y Centro de América; la chibcha-atacameña, la de Tihuanacu y la Incásica, en el sur, habían florecido ya antes de la era hispánica. Los españoles no destruyeron esas culturas. Cuando un superior de las misiones de México dió la orden de destruir ídolos aztecas, y templos, para desarraigar la superstición, se levantó un franciscano ilustre, primer etnólogo de América, Fray Bernardino de Sahagún. Protestó no sólo en nombre de la propia táctica misional, por ser necesario para los misioneros conocer las religiones paganas para desarraigarlas de los indios catecúmenos, sino en nombre del interés científico y artístico de dichas culturas paganas.

El *barroco* colonial es un estilo artístico, sobre todo arquitectónico, distinto del barroco español. Porque el español de América cambia, en el ambiente nuevo; y porque los artesanos indígenas incorporaban su arte tradicional al de los conquistadores. El arte colonial no es español ni indígena: es ya hispanoamericano.

Hay también restos de literaturas indígenas, en México, el Perú, y otras regiones. Los españoles comenzaron, sobre todo los misioneros, por aprender la lengua de los naturales. Luego escribieron gramáticas y diccionarios, y enseñaron a los indios a leer y a escribir, en signos latinos, sus propios dialectos y lenguas. Los primeros libros impresos en América son monumentos lingüísticos, doctrinas cristianas en las más variadas lenguas indígenas.

La "leyenda negra". La leyenda negra contra España todavía prevalece, fuera del limitado ámbito de los especialistas. Y es interesante notar que los primeros historiadores en reconquistar la verdad histórica sobre la empresa hispánica de América, aun antes que los propios historiadores de España e Hispanoamérica, han sido historiadores norteamericanos.

El resumen de la empresa española en América, para la legión de ignorantes prejuiciados, es una síntesis de crueldad, codicia y fanatismo. Los españoles sólo buscaban oro y martirizaron y esclavizaron al indio por desmedido afán de lucro. Las leyes de Indias, maravillosas en su concepción humana, no se aplicaron y la misión espiritual de evangelizar no fue sino hipócrita disfraz de la rapiña. Esto se lee todavía en textos que pretenden ser "serios" y en libros de estudio o recreo.

La verdad es que todos los pueblos han buscado oro. La diferencia está en que los españoles sí encontraron oro y los ingleses encontraron pieles, como nota el Profesor Charles C. Griffin, de Vassar, en *Nuevo Mundo* (Instituto Panamericano de Geografía y de Historia, México, 1951).

Pero la mayor diferencia con los demás pueblos colonizadores, es que España, y Portugal en menor escala, tenían una aguda conciencia de misioneros y civilizadores. Y esa tarea misional y civilizadora la cumplieron, pese a todas las limitaciones impuestas por las distancias y los peligros y la avidez natural en los aventureros de cualquier país en tierras extrañas, ricas y hostiles. Baste recordar unos simples índices fundamentales: las Leyes de Indias, la acción de la Iglesia, las Universidades y la Imprenta.

Las leyes de Indias. No se trata simplemente de un magnífico monumento original de teoría jurídica. Suele repetirse que el axioma de "la ley se acata pero no se cumple" enervaba totalmente la eficacia de las humanitarias leyes protectoras del indio. Pero la verdad es que dicho axioma no era una corruptela, sino una ley, que significaba otra cosa muy distinta. Era el derecho otorgado por el Rey a las autoridades indianas para suspender el cumplimiento de una ley por considerar que, dictada en la distancia psicológica del Consejo Real de Indias, se estimaba poco apropiada o injusta para las circunstancias del lugar. Pero había una excepción a dicha ley: las leyes protectoras del trabajo indígena debían ponerse en práctica inmediatamente. Los virreyes y gobernadores, en tal caso, sólo podían, posteriormente a la obediencia, "representar" sus objecciones a la corona para una subsiguiente modificación del texto legal.

La evangelización. El espíritu religioso del español del siglo XVI, siglo de Santa Teresa y de San Juan de la Cruz, de Fray Luis de León y de Luis de Granada; de Lope y de Gracián; del místico Malón de Chaide y del Beato Juan de Avila; de San Ignacio de Loyola y San Pedro de Alcántara, no era una simple cubierta del fanatismo codicioso . . . Reyes y Virreyes, frailes y aun soldados, tenían presente siempre la finalidad de "salvar almas", entre los móviles de la gigantesca empresa de Indias.

Desde el Papa hasta los capellanes de las expediciones descubridoras; desde los reyes hasta los gobernadores y aun los encomenderos, tenían conciencia de la misión que la Iglesia les había encomendado de traer al Nuevo Mundo la fe de Jesucristo. Era ésta una ley fundamental de la conquista y colonización americana. Y en función de esa acción misionera, desde el padre Montesinos hasta Las Casas, desde Vasco de Quiroga hasta el Padre Luis de Valdivia, en las Antillas y en México, y hasta el extremo sur de la Araucanía, el fraile es el protector de la libertad y la dignidad del indio.

La educación. La educación de los indígenas es la primera

conclusión de la filosofía de la conquista, que expresaba la conciencia católica de la España imperial.

Los americanos eran declarados por la Iglesia y por la Ley de Castilla, racionales, libres, llamados a la Fe común, vasallos de la Corona al igual de los castellanos. Además, por la minoridad de su ignorancia en las cosas de la religión y de la civilización, son encomendados al especial cuidado de las autoridades tanto civiles como religiosas. Y la educación del indio americano por España no se redujo a los rudimentos de la doctrina cristiana.

Cada vez que se trata el punto de la misión de la Iglesia y de la cultura, se piensa, inmediatamente, en el "papel oscurantista y retrógrado de la Inquisición española", que habría sumido en la ignorancia a las colonias, habría prohibido la lectura de libros y habría mantenido hermético el sopor de la "siesta colonial".

El polígrafo chileno José Toribio Medina, quien descubrió en los sótanos del palacio real de Simancas, en 1911, los Archivos originales de la Inquisición en toda América y publicó sendos volúmenes sobre la institución en cada país americano, reduce a sus límites reales el papel de la Inquisición en América. Primero, el indio no bautizado no es súbdito de la Inquisición, por no ser miembro de la Iglesia. Aun los indios bautizados, por exención especial atendida su menor madurez en la doctrina, no están sujetos a la Inquisición.

Ni fueron más de 200 las condenas capitales —no siempre ejecutadas— las de la Inquisición, en tres siglos en 20 colonias. La mayoría de ellas o eran crímenes vulgares, de homicidio so capa de magia o brujería; o bien la traición política encontraba este tribunal como instrumento más fácil para el castigo.

Véase el libro del profesor C. Leonard, "The books of the conquerors", para darse cuenta de cómo, a pesar de las restricciones legales contra los libros de "fantasía" —¡para lo que necesitaba libros la fantasía estupenda de los descubridores del maravilloso continente . . .! —en las bibliotecas públicas y privadas de América, se encontraban a la sazón todos los libros que se leían en España. Más de la tercera parte de la primera edición del Quijote se vendió y leyó en Indias.

A menos de 20 años de la conquista de México, Fray Bernardino de Sahagún, publicaba su "Historia de los Mexicanos", en colaboración con sus discípulos indios del Colegio de Santiago de Tlatelolco, en edición trilingüe: en latín, náhoa y castellano.

Las Universidades. Un siglo antes de la fundación de Harvard (1636), la primera universidad norteamericana, se había establecido, en 1538, la Universidad de Santo Domingo, primera universidad de América. En 1551 se fundan las de México y San Marcos de Lima y en el mismo siglo XVI funcionaban seis universidades hispanoamericanas. Es verdad que los colonos ingleses tardaron menos en fundar su primera universidad que los españoles (Harvard 30 años después de la primera colonia; Santo Domingo 46 años desde el Descubrimiento). Pero Harvard era una institución dedicada únicamente a la formación de ministros ingleses del culto protestante, mientras que las universidades españolas, organizadas según los modelos de Salamanca (s.XIII) y Alcalá (s.XV) enseñaban todas las ramas del saber de la época. Y los indios podían asistir, y asistían, a ellas igual que los españoles y los criollos.

Sobre el rendimiento intelectual de estas universidades coloniales hispanoamericanas tendremos ocasión de insistir a través de toda la historia de nuestra literatura. "Durante la colonia —1606-1776— se crearon en las colonias inglesas de Norteamérica 8 colegios, luego universidades, 2 de ellos en el siglo XVII. El Brasil no tuvo centro de enseñanza superior hasta la llegada del rey de Portugal Juan VI, en 1808" (Constantino Bayle: El legado de España a América, v. II. p. 45). En ese período, es decir antes del siglo XIX, funcionaban en

19

la América española 22 universidades, en algunos países dos o tres, públicas o religiosas.

En cuanto a los indios, después de la fundación de Santiago Tlatelolco para indios, se funda el colegio de San Juan de Letrán, para mestizos mexicanos. Y el primer Obispo de México, Fray Juan de Zumárraga, al pedir al rey y al Papa la erección oficial de la Universidad de México, se refiere a la necesidad de una educación superior para los propios indios, cuando solicita: ". . . una Universidad de todas ciencias donde *los naturales* y los hijos de los españoles (juntos, no discriminados!) fuesen industriados en las cosas de nuestra santa fe católica y en *las demás facultades"*. El título de Pontificia le fue otorgado a la Universidad de México en 1555; los estudios habían comenzado en 1553 y uno de los primeros profesores ilustres, el escritor Francisco Cervantes de Salazar terminó y publicó el *Diálogo de la dignidad del hombre* del rector de Salamanca Hernán Pérez de Oliva, en donde comenta al humanista Luis Vives, profesor español de Oxford y amigo de Erasmo. La Universidad pone en escena en esos años el "Apólogo de la ociosidad y del trabajo" de Luis Mexía, con actores indios

En la Universidad se enseñaban, amén de la teología: medicina, náutica, derecho, filosofía. (Cedulario de Puga, Orden ministerial de Nueva España; Ordenanzas de Mendoza, cit. por García Icazbalceta, Bibliografía mexicana del siglo XVI).

La imprenta. El mismo obispo franciscano fundador de la Universidad, fue el primero en introducir la Imprenta en América. Y el propio Obispo Zumárraga es autor del primer libro publicado en el Nuevo Mundo, *Breve y compendiosa Doctrina Cristiana en lengua mexicana y castellana,* en 1539, a sólo 20 años de la conquista del Imperio de los aztecas. En 1540 se publican: un libro en lengua otomí de Motolinía, Fray Toribio Benavente, y un *Manual de adultos* de Cristóbal de Cabrera, que contiene los primeros versos latinos impresos en Indias. En 1560 Fray Domingo de Sto. Tomás publica un *Léxico*

peruano; en 1619 una *Gramática de la lengua aymara* del jesuíta Antonio Ruiz y un *Arte de la lengua quechua* de Alonso
de Huerta; en 1648, el célebre padre chileno Luis de Valdivia,
S.J. publica su *Arte y gramática de la lengua que corre en el
reino de Chile.* En suma, en el siglo XVI se han publicado no
menos de 160 libros en las imprentas de México y el Perú,
fuera de las impresiones hechas por los jesuítas del Paraguay
en tipos de madera labrados por los guaraníes de sus "Reduc-
ciones", aun antes que se introdujera la imprenta. Y esto, sin
contar que los mejores escritores de Indias preferían dar a luz
sus obras en España o los Países Bajos.

El ambiente, pues, de los dominios españoles en Indias, en
pleno siglo de luchas de conquista y primera colonización, en
el siglo XVI, es el de una creciente curiosidad intelectual y el
de una laboriosa tarea de educación. La religión, la lingüística,
la historia, las ciencias naturales, la etnología, son los temas
más corrientes.

El siglo de oro pasa a América. La Imprenta es introducida
en España en 1473 (primer libro en 1474) ; en 1539 se publica
el primer libro en México, y a las colonias inglesas llega un
siglo después, en Cambridge, Massachussetts (1639).

Lope de Vega, en *El laurel de Apolo* y Cervantes en *Viaje
al Parnaso,* toman en cuenta la producción literaria de las colonias, parangonándolas con la maravillosa creación literaria
de la metrópoli. Maestros de Salamanca y Alcalá enseñan en
las aulas de México, Lima, Charcas, Bogotá, y hay una corriente de intercambio cultural entre España y América mayor que
la que ha existido en épocas más recientes. En ese ambiente refinado, sobre todo en las más antiguas sedes virreinales, México y Lima, es donde encontramos las raíces de la literatura
hispanoamericana.

CAPITULO II

LA LITERATURA COLONIAL

La Cronica

Los primeros escritores de América son cronistas e historiadores. Narran las cosas asombrosas que descubren y las que se imaginan, sobre la tierra magnífica y las raras gentes del Mundo Nuevo.

Entre estos cronistas hay: los cronistas "oficiales", algunos de los cuales escriben por mandato de autoridades, sin haber venido nunca a las Indias. A éstos los descartamos, cualquiera que sea su valor historiográfico o literario, porque no pertenecen a la literatura de Hispanoamérica. Pero los europeos que vinieron a América y escribieron aquí, rodeados del ambiente nuevo, escriben y sienten de una manera distinta que los distantes cronistas fríos de Madrid o de Sevilla. Ellos pertenecen por derecho propio a la historia literaria de América.

I. Las primeras crónicas

Cristóbal Colón. Las *Cartas de Relación* de descubridores y conquistadores al rey constituyen la primitiva historia americana. Y así inaugura la literatura hispanoamericana el Almirante del Mar Océano don Cristóbal Colón, con sus cartas y diarios. En estilo disparejo y espontáneo, narra las bellezas de las islas y tierras nuevas; hace reflexiones sobre derechos y esperanzas y sueños; y deja asomar el mesianismo que le guiaba en su locura genial. Su primera *Carta* se ha perdido; la segunda se publicó en Sevilla en 1522 y lleva el título de *Carta de relación ebiada a su majestad en la que hace relación d' las tierras*

*e provincias sin cueto que ha descubierto nuevamente en el yu-
catán.* (*Cartas y Relaciones,* Biblioteca de Autores españoles,
tomo XXII)

Hernán Cortés. El conquistador y capitán general de la
Nueva España, que había estudiado Derecho en Salamanca,
muestra su cultura humanística en la razonada pausa de su
prosa. Testimonio veraz y terrible de las condiciones duras de
aquellas guerras, Cortés cuenta simplemente cómo manda cor-
tar las manos a cincuenta indios cogidos como espías y devuel-
tos al jefe para "que de noche y de día vean quiénes somos".
Cuando le advierten que es mal agüero que algunos caballos
de la partida hayan tropezado, el capitán general dice al Rey:
"Seguimos adelante, porque como llevamos bandera de la fe,
sabemos que Dios es sobre natura . . ." Cuando sorprenden a
un indio que ha robado oro a un español (de dónde lo sacó el
español no lo dice . . .), el jefe azteca le entrega al reo; pero
Cortés se excusa diciendo que como es "huésped de la tierra",
sea el indio quien administre justicia. Testimonios ingenuos y
expresivos de la mezcla única de crueldad y de cortesía, de valentía y capacidad física de resistencia a los rigores, de fe cristiana y de humana atención a las necesidades de los indios. Pero
los mejores trozos de Cortés son aquellos en que describe admirado las ciudades, edificios y templos, los "tianquis" o mercados en que 30,000 mercaderes vendían, desde piedras precio-
sas hasta pescado y telas. La palabra "maravilla" repetida una y
otra vez, indica el asombro de los descubridores ante la mag-
nitud de las tierras conquistadas para su Dios y su Rey.

Pedro de Valdivia. Otro capitán extremeño, culto aunque
no universitario, emprende la conquista de Chile en 1539, tras
el fracaso de Almagro; y escribe al emperador Carlos V cartas
en que el paisaje de la América del Sur es pintado con finura
de observación, estética y práctica a la vez; sin la exaltación de
Colón o de Las Casas, tiene la sobria apreciación de tierras
y gentes.

Hablando del múltiple papel del conquistador, escribe Valdivia: "En lo que yo he entendido después que en la tierra

entré y los indios se me alzaron, para llevar adelante la intención que tengo de perpetuarla a V.M. es en haber sido gobernador en su Real Nombre para gobernar sus vasallos, y a ella con abtoridad; y capitán general para los animar a la guerra y ser el primero en los peligros, porque así convenía; padre para los favorecer con lo que pude y dolerme de sus trabajos, ayudándoselos a pasar como de hijos, y amigo en conversar con ellos; zumétrico en trazar y poblar; alarife en hacer acequias y repartir aguas; labrador y gañán en las sementeras, mayoral y rabadán en hacer criar ganados; y en fin, poblador, criador, sustentador, conquistador y descubridor . . ." Y describe con amor la tierra: "Y para que haga saber a los mercaderes que se quisieren venir a avecindar, que vengan. Porque esta tierra es tal que para vivir en ella y perpetuarse no la hay mejor en el mundo. Dígolo porque es muy llana, sanísima, de mucho contento; tiene cuatro meses de invierno no más, que en ellos, si no es cuando hace cuarto de luna, que llueve un día o dos, todos los demás hacen tan lindos soles, que no hay para qué llegarse al fuego. El verano es tan templado y corren tan deleitosos aires, que todo el día se puede el hombre andar al sol, que no le es importuno. Es la más abundante de pastos y sementeras y para darse todo género de ganado y de plantas, que se puede pintar mucha e muy linda madera para hacer casas . . . que parece la crió Dios a posta para poderlo tener todo a la mano . . ."

II. Crónicas regionales

Las crónicas de países individuales se multiplican: Cervantes de Salazar (1514?-1575), Fray Bernardino de Sahagún (llegado a México en 1529) ; Fr. Toribio de Benavente, *Motolonía* o "Pobrecito", llegado en 1524; Fr. Jerónimo de Mendieta, Juan Suárez de Peralta, el mestizo dominico Fray Diego Durán, historian el Virreinato de Nueva España. El Perú cuenta con las crónicas del jesuíta Blas Valera, del secretario de Pizarro Francisco López de Jerez; Pedro Cieza de León (1518-1560), el licenciado Juan de Matienzo, Pedro Sarmiento de Gamboa, fray Reginaldo de Lizárraga, provincial de los Dominicos de Chile,

Argentina y Paraguay, autor de la *Descripción breve de toda la tierra del Perú, Tucumán, Río de la Plata y Chile;* Juan de Betanzos, Polo de Ondegardo, seguidor de Las Casas; y muchos otros. Las más interesantes, desde el punto de vista literario, son las del compañero de Cortés, capitán Bernal Díaz del Castillo y las obras del mestizo peruano Garcilaso de la Vega Inca. Entre los primeros historiadores americanos figuran no sólo españoles, criollos y mestizos, sino también indios puros. En México, escriben don Hernando de Alvarado Tezozomoc y don Fernando de Alba Ixtlilxochtli. Hijo el primero del penúltimo de los emperadores aztecas, publicó una *Crónica Mexicana,* que historia la vida de su pueblo hasta la llegada de los españoles; la segunda parte, destinada a narrar la conquista, se ha perdido. Alba, azteca por parte de madre y descendiente por su padre de los reyes acolhuas, es conocido por su *Historia Chichimeca,* que llega hasta los primeros momentos de la conquista y es de gran valor por su contenido folklórico.

En el Perú, el Inca Tito Cussi Yupanqui, que en español, se llamó Diego de Castro, escribió la *Relación de la conquista del Perú y hechos del Inca Manco II";* Juan de Santacruz Pachacuti-Yanqui Salcamayhua, la *Relación de las antigüedades deste Reyno del Pirú;* y Felipe Huamán Poma de Ayala es autor de *Nueva Crónica y Buen Gobierno.* Todos ellos defienden a sus antepasados indios de las demasías de los conquistadores.

III. Historias generales

Entre las crónicas oficiales, tienen singular valor histórico y literario las de Francisco López de Gomara, que fue capellán de Cortés a su vuelta a España, en Sevilla; la del jesuíta padre José de Acosta, quien en su puntual *Historia natural y moral de las Indias* refuta algunas de las fantasías del Inca Garcilaso; la *Crónica general* de Pedro Mártir de Anglería y la notable *Historia general* de Gonzalo Fernández de Oviedo. Pero de las historias generales destacamos la más discutida, la primera y la más importante, la obra de Bartolomé de Las Casas y entre las particulares, señalamos las de Bernal Díaz y Garcilaso.

Son también admirables algunos relatos de expediciones y viajes, como la de Fray Gaspar de Carvajal, capellán de la expedición descubridora del Amazonas; la de Juan de Grijalva, expedicionario de Veracruz, escrita por el capellán Juan Díaz, capellán también de las tropas de Cortés; la primera descripción de los territorios hoy pertenecientes a los Estados Unidos, *Naufragios y comentarios,* de Alvar Núñez Cabeza de Vaca (1542), la narración de la conquista del Perú de Fray Cristóbal Molina y los primeros días de la conquista de Chile, de fray Alonso de Góngora y Marmolejo, capellán de Pedro de Valdivia (1575).

En todas estas obras hay curiosidades sin cuento para el historiador, el lingüista o el antropólogo.

Fray Bartolomé de Las Casas, o Casaus (1474-1560). Es el primer gran historiador americano. Publicó *Historia General de las Indias,* inédita hasta 1875; la *Brevísima relación de la Destruycíón de las Indias, Apologética Historia.* La *Brevísima relación* fue presentada al rey, en 1542, y provocó la convocación de las Juntas de Valladolid, en que Las Casas defendió la libertad de los indios, contra los argumentos del canciller Ginés de Sepulveda, en presencia del emperador. De esa disputa surgieron las *Leyes Nuevas,* de Carlos V, 1542, 1543, en las que por primera vez se prohibía el régimen de encomiendas como elemento que facilitaba la práctica esclavitud del indio.

La figura del Padre Las Casas, Defensor de los Indios, legendaria y controvertida, ha pasado a ser símbolo de la cruzada cristiana en favor de la dignidad y libertad del indígena americano. También se le ha señalado como el desorbitado provocador de la "leyenda negra" contra España, por sus exageraciones de las crueldades del encomendero. No conozco ningún estudio más objetivo ni más justamente valorizador de la figura y obra de Las Casas, que la serie de estudios del profesor Lewis Hanke, director del Instituto de Estudios Latinoamericanos de la Universidad de Tejas, EE. UU. El gran hispanista estudia en dos obras fundamentales, *La lucha por la justicia en la América española,* y al *Padre Bartolomé de Las Casas, pensador político, historiador, antropólogo;* ambas de 1949.

Bartolomé de Las Casas pasa con Ovando a La Española, en 1502. Encomendero, algo mejor que los demás, en 1510 se hace clérigo y es el primero en cantar su Primera Misa en América. El cuarto domingo de Adviento de 1511, en la rústica iglesia primada de América, escucha a un fraile dominico fray Antonio Montesinos tronar de esta manera sobre el texto del evangelio en que San Juan Bautista dice: "Yo soy la voz que clama en el desierto":

...."Yo soy la voz de Cristo que clama en el desierto de esta isla, y por tanto conviene que no con atención cualquiera, sino con todo vuestro corazón y con todos vuestros sentidos la oigáis; la cual voz os será la más nueva que nunca oísteis, la más áspera y dura y espantable y peligrosa que jamás no pensasteis oír . . . Esa voz, es que todos estáis en pecado mortal y en él vivís y morís, por la crueldad y tiranía que usáis con estas inocentes gentes. Decid, con qué derecho y con qué justicia tenéis en tan cruel y horrible servidumbre a estas gentes que estaban en sus tierras mansas y pacíficas, donde tan infinitas dellas, con muertes y estragos nunca oídos habéis consumido? Como los tenéis tan opresos y fatigados, sin dalles de comer ni curalles en sus enfermedades, que de los excesivos trabajos que les dais incurren y se os mueren, y por mejor decir, los matáis, por sacar y adquirir oro cada día? Y qué cuidado tenéis de quien los adoctrine y conozcan a su Dios y Criador, y sean bautizados, oigan misa, guarden las fiestas y domingos? No sois obligados a amallos como a vosotros mismos? Esto no entendéis, esto no sentís? Cómo estáis en tanta profundidad de sueño letárgico dormidos? Tened por cierto que, en el estado en que estáis, no os podéis más salvar que los moros o turcos que carecen y no quieren la fe de Jesucristo!"

Este sermón que el joven clérigo encomendero Las Casas conservó en su *Historia* (cap. 4 del libr. III) así como la insistencia de Montesinos el domingo siguiente, en presencia de los notables de la isla encabezados por Diego Colón, no cambiaron al sacerdote encomendero quien personalmente no cometía las crueldades que veía en otros. Hasta que, siendo encomendero en Cuba, en 1514, él mismo preparó un sermón y las palabras de la Biblia le convencieron "que era injusto y tiránico todo cuanto cerca de los indios en estas tierras se cometía". "Regaló sus indios —dice Hanke— y predicó un sermón en Sancti Spiritus contra sus compatriotas que los estremeció tanto como las palabras de Montesinos sorprendieran y alarmaran a su congregación. Desde entonces Las Casas consagró su vida a los indios y no hubo libro que leyó, "de latín o romance . . . en que no hallase razón o autoridad para probar y corroborar la justicia de aquestas indianas gentes, y para condenación de las injusticias que se les han hecho, y males y daños" (*Las Casas*, p. 23).

El Protector de los indios ha sido descalificado como historiador, por Marcelino Menéndez y Pelayo, a quien copian muchos otros. Pero la verdad es que, aunque no se puede pedir imparcialidad a un testigo de la crisis que él presenciaba, y aun admitiendo exageraciones evidentes en el número de las víctimas, el hecho de las crueldades cometidas contra los indios encomendados consta, aun prescindiendo de los escritos acusadores de Las Casas, en documentos oficiales: desde las mismas cartas de relación de Cortés, hasta las numerosas Ordenanzas virreinales, juicios de residencia, actas de las Audiencias, y hasta el propio texto de las Leyes de Indias. La indignación sincera y ejemplar del gran Obispo de Chiapas en nada resta a su calidad de historiador y sí añade elocuencia al valor literario de sus obras. Las Casas, como muchos otros españoles de la época, representa la conciencia viva de España conquistadora. Cosa que suele andar ausente de otras conquistas.

Bernal Díaz del Castillo (1492-1584). También la *Verdadera Historia de la Conquista de la Nueva España* (1552) del capitán de Cortés había sido considerada de poco valor; por ser el autor un soldado de escasa instrucción. Pero, como dice Torres-Ríoseco, "por fortuna no era profesor de nada"; porque así aventaja al retórico Gomara en valor artístico, por la frescura de su mirada absorta y la ingenua transparencia del relato. Además, como historiador de una "verdadera" historia, el capitán Díaz del Castillo sólo cuenta lo que sabe por personal experiencia, aborrece el culto a los héroes que desfigura la faz real de los hechos. "Yo estuve allí", nos recuerda; y no nos deja olvidar, tampoco, que la conquista de México, y de América, no es obra exclusiva del capitán adelantado, sino de "nosotros los soldados", es decir, el pueblo español, tal como en la Reconquista medieval.

Escribe sin artificio y con encantadora naturalidad; muestra su ingenua sopresa por los adelantos de la civilización indígena en su arquitectura, con ciudades mayores que en España, sus mercados; y el diálogo nos pone en contacto con la historia interna y personal de los hombres que realizaron la mayor hazaña de la historia universal, después de la Encarnación, como dice Gomara. Los retratos, de Cortés y sus compañeros, son vívidos y perfectos; la valentía y los errores, la crueldad y la generosidad, los defectos y la devoción, de los soldados que dieron el imperio azteca a Castilla, hacen de la historia de Díaz del Castillo la más hermosa que se haya escrito en español.

Inca Garcilaso de la Vega (*Inca Garci Lasso de la Vega y Gómez Suárez de Figueroa* (Cuzco, 1539, Córdoba, 1616). Hijo de un capitán conquistador gobernador del Cuzco, García Lasso de la Vega y de una princesa incásica Isabel Chimpu Ocllo, era el autor mestizo nieto de Haukkpa Tupac y biznieto del Inca Tupac Yupanqui. Por parte de la familia paterna, emparentaba con los poetas castellanos Garcilaso de la Vega, Jorge y Gómez Manrique y el Marqués de Santillana. Hijo bastardo, y habiendo su padre luego contraído matrimonio, fue siempre amante de su madre doña Isabel; y en Perú y en España padeció por su doble condición de ilegítimo y de mestizo. Desde 1559 hasta su muerte vivió en España.

Abandonó el ejército, en donde sirvió bajo don Juan de Austria, como Cervantes, y se hizo clérigo. Retirado a Córdoba, en donde reposan sus restos, escribió en 1590 la traducción de los tres *Diálogos de Amor* de León Hebreo, considerada por

Menéndez y Pelayo en sus *Orígenes de la novela* como superior al texto italiano. En 1605 apareció *La Florida del Inca o historia del adelantado Hernando de Soto* y, en dos partes, en 1609 y 1616, su obra máxima, *Comentarios reales*.

Los *Dialoghi d' Amore* fueron publicados en su destierro de Génova, por León Hebreo, (Juda Abarbanel), judío nacido en Lisboa. Cervantes en el prólogo del Quijote elogia el libro diciendo: "Si tratáredes de amores, con dos onzas que sepáis de lengua toscana, toparéis con León Hebreo, que os hincha las medidas".

Los *Comentarios reales*, historia, epopeya y novela, del "mayor prosista de la literatura americana colonial", como le llama Menéndez y Pelayo, es una obra única. No importa que el prurito de defender y ensalzar la raza de su madre, nobilísima por lo demás, le llevaran a dar una versión unilateral de la historia de las instituciones y costumbres del Incanato. No me refiero a que fuera partidario en favor de los indios y contra los españoles. Exalta a los héroes de una y otra raza. Pero toda la civilización peruana la atribuye a los Incas. El Padre Acosta, más puntual investigador que panegirista, corrige esa versión del Inca cordobés; y la investigación moderna da la razón al misionero contra el Inca: los Incas, como los romanos, fueron grandes organizadores más que creadores. Crearon un inmenso y rico imperio, con increíble talento político; pero, como los colonizadores romanos, y los españoles, armaron su imperio con elementos preexistentes de las altas culturas peruanas anteriores, como la Chibcha atacameña y la gran cultura de Tihuanacu. Pero ese defecto histórico no importa al lado del mérito literario de la obra, de su estilo elegante y preciso, medio entre la mesura clásica y el americanismo barroco; el colorido de sus descripciones, la curiosidad de los datos recogidos de boca de sus abuelos y el amor al terruño y a su tradición que respira este simpático clérigo de Córdoba, retirado y desengañado, descendiente de conquistadores que se solaza en los recuerdos de su raza india. Varón de muy amplias y variadas lecturas, de las que él mismo nos da noticia, desde Bocaccio y Ariosto hasta Julio

César y Plutarco y las crónicas contemporáneas. El príncipe quechua que mostraba los rasgos maternos sobre la barbilla en punta castellana, tiene prudentes y agudos juicios sobre la política de su tiempo, tanto la de Pizarro como la de Felipe II; y ostenta una serenidad digna de un príncipe de la historia. La leyenda de las tradiciones indias mezcladas a los orígenes históricos del Incanato han hecho considerar a Garcilaso de la Vega Inca como precursor de la novela americana.

Garcilaso es, sobre todo, un gran artista. Sus *Comentarios* tienen, con las limitaciones mencionadas, indudable valor de testimonio histórico por la honradez del autor y su vecindad de las fuentes tradicionales; pero el poeta que hay en el mestizo ha dejado trozos de elegancia sencilla, insuperados. Al hablar de las costumbres de su tierra, dice que, de niño, le llamó la atención los cocimientos de magüey en que las indias metían su larga cabellera para mantenerla siempre negra y brillante y se admiraba del suplicio de dos horas y el riesgo de quemarse las carnes en agua hirviente. Pero, agrega con humor, "en España he perdido la admiración viendo lo que muchas damas hacen para enrubiar sus cabellos que perfuman con azufre y los mojan con agua fuerte de dorar, y los ponen al sol en medio del día por los caniculares y hacen otros condumios que ellas se saben, que no sé cuál es peor y más dañoso para la salud, si esto o aquéllo. Las indias, habiendo hecho otros lavatorios para quitar las horruras del cocimiento, sacaban sus cabellos más negros y lustrosos que las plumas del cuervo recién mudado ..."

El Inca defiende la inteligencia de los indios. Y con orgullo de descendiente de reyes y de conocedor de lo propio, sonríe cuando cuenta que los castellanos denominaron al Cuzco, antigua capital del Tihuantisuyu, o Incanato, Nueva Toledo ... Dice: "Mas luego se les cayó de la memoria este segundo nombre, por la impropiedad dél; porque el Cuzco no tiene río que la ciña como a Toledo, ni le asemeja en el sitio, que su población empieza de las laderas y faldas de un cerro alto, y se tiende a todas partes por un llano ancho y espacioso ... El

Cuzco en su imperio fue otra Roma en el suyo; y así se puede cotejar la una con la otra, porque se asemejan en las cosas más generosas que tuvieron. La primera y principal, en haber sido fundadas por sus primeros reyes. La segunda, en las muchas y diversas naciones que conquistaron y sujetaron a su imperio. La tercera, en las leyes tantas y tan buenas y bonísimas, que ordenaron para el gobierno de las repúblicas. La cuarta, en los varones tantos y tan excelentes que engendraron y con su buena doctrina urbana y militar criaron".

Roma tuvo a sus historiadores que cantaran sus loas y Garcillaso ambiciona emular a César como historiador y soldado. "Yo, incitado del deseo de la conservación de las antiguallas de MI PATRIA, esas pocas que han quedado, por que no se pierdan del todo, me dispuse al trabajo tan excesivo, como hasta aquí me ha sido y delante me ha de ser, el escribir su antigua república hasta acabarla . . ." Y traza los planos de la ciudad imperial anotando los nombres viejos de sus calles y conventos y barrios.

LA POESIA EPICA

Ercilla. En 1557 llegó, con destino a las guerras del Sur de Chile, el capitán castellano vasco don Alonso de Ercilla y Zúñiga (1533-1594). Al cumplirse, en 1957, el cuarto centenario de su llegada al país, España no lo ha recordado, pero Chile le ha celebrado como al primer poeta suyo y al primer cantor épico de América.

"Chile —como escribió don Andrés Bello (cit. por Menéndez y Pelayo, *Antología de la poesía hispanoamericana,* Madrid, 1885)— es el único país moderno cuya fundación ha sido inmortalizada por un poema épico".

La Araucana de Ercilla es el más grande de los poemas épicos castellanos de la Edad de Oro. *La Araucana* es una epopeya "moderna", la que Voltaire, exagerando como de costumbre, en su prólogo a la *Henriade* estima superior a la epopeya de Homero. Aunque lo mitológico tiene en ella su lugar, según los gustos del período clásico renacentista, ello acaece sólo por vía de excepción o paréntesis.

No canta el poeta al amor, sino hechos de armas históricos, contemporáneos suyos y en algunos de los cuales toma parte activa. La intención de Ercilla es cantar las hazañas de ambos bandos, el de "aquellos compañeros esforzados / que a la cerviz de Arauco no domada / pusieron duro yugo por la espada"; y también de aquella notable "gente que a ningún rey obedecen", "fiero *pueblo* no domado / que por valor y pura guerra / hace en torno temblar toda la tierra". Canta tales hechos para que no queden ignorados, no por pequeños sino por la distancia de Europa en que sucedieron. En el Prólogo se remite a los sobrevivientes de las guerras de Arauco, como testigos de su veracidad histórica. Por esto, algunos han llamado a *La Araucana* simple crónica en verso. Otros críticos, poco convencidos de la historicidad del poema, han pensado en la obra como en una novela en verso.

La verdad es que la principal objeción a la obra como epopeya —la falta de un personaje central que dé unidad a la acción—, es justamente la nota de "modernidad" de este poema épico. Lope de Vega, contemporáneo de Ercilla, creó también en *Fuenteovejuna* el drama de protagonista colectivo. El protagonista del poema de Ercilla es *el pueblo araucano que defiende su libertad.* Y escribe don Alonso de su libro, en el Prólogo a la Primera Parte: ". . . porque fuese más cierto y verdadero se hizo en la misma guerra y en los mismos pasos y sitios, escribiendo muchas veces en cuero por falta de papel, y en pedazos de cartas, algunos tan pequeños que apenas cabían seis versos, que no me costó poco trabajo juntarlos . . ."

Paje en la adolescencia del príncipe don Felipe (II), viaja Alonso de Ercilla y Zúñiga, de abolengo castellano-vasco, a Flandes (1548) y luego a Inglaterra, acompañando a su señor cuando fue a contraer matrimonio con la reina María Tudor (1554). Estando en la corte inglesa, llegó Jerónimo de Alderete, compañero de Valdivia, con las malas nuevas de la muerte del Conquistador a manos de los mapuches (1553). Don Alonso obtuvo licencia para pasar a las Indias, con Alderete. Este murió en Panamá. Y el poeta llega, a los 21 años de su edad a

Lima (1554), a punto para tomar parte en la expedición del nuevo Gobernador de Chile don García Hurtado de Mendoza, el hijo mozo del virrey del Perú (1557).

Protagonista en la guerra contra los araucanos, o mapuches, descubridor del archipiélago de Chiloé, adonde "pasó donde otro no ha pasado / don Alonso de Ercilla, que el primero / en un pequeño barco deslastrado / con otros diez pasó el deaguadero . . ." (C. XXXVI), don Alonso, por razón de un duelo con el capitán Juan de Pineda, fue condenado a muerte por el flamante gobernador. Indultado gracias a una dama, fue desterrado y vuelto a Madrid. Pineda se hizo fraile misionero, y escritor, en Lima. Don Alonso casó en Madrid con doña María Bazán, rica y noble dama. Vistió el hábito de Santiago, fue gentilhombre del rey, diplomático en Austria y en Flandes. Y a pesar de sus lamentaciones sobre males de fortuna, gozó de honores, fama y riqueza, cosa excepcional en la vida de los conquistadores y de los poetas.

La Araucana es un poema épico que consta de Tres Partes, divididas en Cantos. Publicada en Madrid (en 1569, 1578 y 1589), Archer Huntington publicó en Nueva York, en 1902, una edición facsímile de la edición princeps, descubierta y publicada en Londres, por el polígrafo chileno José Toribio Medina. Hay ediciones críticas, de Medina (Santiago, 1910-1913) en cinco volúmenes, con crítica y documentos; y de Abraham Köenig (Santiago, 1888). Recientemente se ha publicado una nueva edición manual al cuidado del profesor chileno Hugo Montes (Ed. del Pacífico, Santiago, 1956).

Dice Ercilla en su Prólogo: "Y si alguno le pareciere que me muestro inclinado a la parte de los araucanos, tratando de sus cosas y valentías más extendidas de lo que para bárbaros se requiere; si queremos mirar su crianza, costumbres, modos de guerra y ejercicio della, veremos que muchos no les han hecho ventaja y que son pocos los que con tal constancia y firmeza han defendido su tierra contra tan fieros enemigos como son los españoles".

Y es que la valentía heroica de los vencedores de toda América, y de toda Europa, y Africa, era patrimonio de la historia. Pero la historia de los araucanos, para su caballeroso adversario, y su defensor alguna vez contra crueldades del invasor, supera lo maravilloso de las leyendas antiguas. La épica de otros pueblos, desde los clásicos, se nutrió de mitología y de leyenda. La épica hispánica que no necesita inventar leyendas, y que nació del histórico *Poema de Mío Cid,* crea esta otra epopeya histórica en las avanzadas fronteras indianas.

Tal como asombraron a Valdivia las tierras, admiran a Ercilla las gentes contra las que tiene que luchar:

> Chile, fértil provincia y señalada
> en la región Antártica famosa,
> de remotas naciones respetada,
> por fuerte, principal y poderosa:
> la gente que produce es tan granada,
> tan soberbia, gallarda y belicosa,
> que no ha sido por rey jamás regida
> ni a extranjero dominio sometida. (Canto I)

Como los antecesores vascos del poeta, que resistieron en su rincón montañoso a romanos, godos, árabes invasores; este pueblo poco numeroso, admirado por Ercilla, no organizado en nación, defiende victoriosamente su independencia, primero contra los Incas y luego contra los famosos tercios de Flandes. Y a todos los detiene en su frontera, del "río grande", Bío-Bío, por más de trescientos años.

Atento a los hombres y sus gestas, Ercilla no tuvo una mirada para el paisaje. Por lo demás, esa falta de naturalidad paisajista es común a todos los clásicos del siglo XVI, cantores de un paisaje convencional, como el de los pintores renacentistas.

Recientemente, se ha ensayado una interpretación "marxista" de *La Araucana* y sus hechos históricos. La teoría de los "opresores" españoles contra los "oprimidos" indios. ¡Que se lo digan a los "Trece de la Fama" o a Pedro de Valdivia! Puñados de caballeros aplastantemente "oprimidos" y suprimidos por millares de indios, diestros y magníficos en la guerra. Por lo demás, lo económico no podía estar más ausente de las Guerras de Arauco, de uno y otro lado. Valdivia sabía que allí no encontraría oro, sino honra y aventura; los indios no poseían más riqueza que su orgullosa libertad y algunas armas y caballos robados a los españoles. Tal interpretación que no merece la pena de ser tomada en cuenta, por ingenua, disminuiría la grandeza épica de la visión de Ercilla, caballero español del Renacimiento.

Algunos detalles, que no la sustancia de los hechos, han levantado objeciones contra la historicidad del poema. Por ejemplo, las arengas que pone Ercilla en boca de Rengo, Caupolicán, Michimalonco y demás jefes "bárbaros"; y el lugar poco destacado en que figura el Gobernador. Pero esos detalles, a la luz de la crítica moderna, demuestran precisamente la puntualidad histórica del poeta.

Sabemos que los araucanos, que poseen una lengua melodiosa, han sido amantes de la oratoria y en sus asambleas tenían siempre un orador oficial, encargado de hablar en nombre de *toquis* y *caciques*. De modo que Ercilla ha dado en octavas reales castellanas una buena idea de los elegantes discursos de los portavoces del jefe militar araucano.

En cuanto al gobernador García Hurtado de Mendoza, se ha escrito mucho sobre la venganza literaria de Ercilla contra la autoridad que lo tuvo condenado a muerte. Pero don García, quien también le indultó, está bien pintado por Ercilla y más tarde alabó en verso la exactitud histórica de su antiguo amigo Ercilla. El poeta le llama sagaz y prudente, lleno de virtud y gracia, etc. Le da el lugar que le corresponde que no es el de protagonista. Como en la Reconquista medieval, en la Conquista americana, el protagonista es el pueblo español. En este caso extraordinario, el pueblo español y el pueblo araucano frente a frente, en par nobleza guerrera. El propio Ercilla se destaca en algún episodio, como otros capitanes españoles y no pocos héroes araucanos. No se olvide que Bernal Díaz del Castillo en su Historia mexicana, subraya que las hazañas no pertenecen sólo al jefe sino a todos los guerreros; y hay distancia de un

Cortés o un Valdivia a Mendoza. La teoría de la venganza está ya descartada.

La sinceridad es una de las características sobresalientes en el primer cantor de América. Y en cuanto a la majestad y viveza del estilo, especialmente elástico y electrizante en la descripción de acciones rápidas y violentas, Ercilla no tiene parangón, antes o después, si no es con Homero.

La llegada a Chile de Ercilla no es un mero detalle de su cronología, si se tiene en cuenta que del poeta sólo se conservan unas pocas poesías sueltas, publicadas en España después del gran poema. Su venida al Nuevo Extremo es la fecha de nacimiento de una de las grandes figuras literarias del Siglo de oro español. Y en la raíz de la literatura indigenista americana, y hasta en la tesis russoniana del indio bueno y noble, salvaje, libre y feliz, están los cantos sonoros y emocionadamente verdaderos de *La Araucana*.

Cervantes, en el escrutinio de los libros de don Quijote, ha fijado el veredicto definitivo de la crítica sobre los cantos heroicos de este caballero del Renacimiento, comparable al lírico Garcilaso: "Y aquí vienen todos tres juntos (respondió el Barbero): *La Araucana* de don Alonso de Ercilla, la *Austríada* de Juan Rufo, jurado de Córdoba y *El Monserrate,* de Cristóbal de Virués, poeta valenciano. Todos estos tres libros —dijo el Cura— son los mejores que, en verso heroico, en lengua castellana están escritos y pueden competir con los más famosos de Italia; guárdense como las más ricas prendas de poesía que tiene España". (P. I, cap. VII) *La Araucana* es también la primera prenda de poesía, de Chile y de América.

Cervantes hace también el elogio de Ercilla en el *Canto de Calíope* (1589) y el *Viaje al Parnaso,* donde dice:

> De la región antártica podría
> eternizar ingenios sobrehumanos,
> que si riquezas hoy sustentaría
> también entendimientos soberanos . . .

> Otro, del mismo nombre, que de Arauco
> cantó las guerras y el valer de España,

el cual los reinos donde habita Glauco
pasó y sintió la embravecida saña,
no fue su voz, ni fue su acento rauco,
que uno y otro fue de gracia extraña,
y tal, que Ercilla, en este hermoso asiento
merece eterno y sacro monumento.

(*Obras Completas Aguilar,* p. 746)

También le ensalza Lope de Vega en su *Laurel de Apolo*
(1630).

Otros poemas épicos americanos

La inspiración y el éxito de Ercilla, y el escenario heroico
en que se movían los hombres del siglo XVI americano, sus-
citaron una gran cantidad de imitadores del primer poeta de
Chile y los peores y mejores poemas épicos de la lengua castellana se escribieron, por españoles y americanos, en tierras de
Indias.

Continuadores de Ercilla. Entre los continuadores e imitadores de Ercilla, el mejor es el criollo chileno Pedro de Oña,
nacido en Angol, Arauco, en 1570. Hijo de un capitán burgalés
que "echó piezas" en la guerra de Arauco, criado en el Chile
austral, pasó luego a Lima, donde estudió Letras y obtuvo la
Licencia en Teología de la Universidad de San Marcos. Casado
en 1596, nombrado corregidor de Bracamoros, vivió unos 63
años. Se ignora la fecha y el lugar exacto de su muerte (1643?).

Publicó el *Arauco domado,* poema épico inconcluso, en
Lima, en 1596: una Primera Parte de 1,600 versos. Luego, en
1609 publica un poema descriptivo y elegíaco, *El temblor de
Lima,* de mérito inferior. *El Vasauro* (vaso de oro) con dedi-
catoria fechada en 1635, quedó inédito hasta la edición del
Dr. Oroz (Santiago de Chile, 1941). *El Vasauro* contiene los
mejores versos líricos de Oña y es una de las primeras muestras
de influencia gongorina en el Nuevo Mundo. Finalmente publicó, en Sevilla en 1636, con ocasión de la canonización de
San Ignacio de Loyola y a pedido de sus antiguos maestros jesuítas *San Ignacio de Cantabria.*

Pedro de Oña, chileno, parece haber tomado a su cargo la exaltación de don García Hurtado de Mendoza, ya virrey de Lima, y quien parecía preterido por Ercilla. Esto y la evidente imitación de Ercilla hacen desmerecer al *Arauco domado.* Pero Oña supera al modelo en la descripción de la naturaleza, más auténtica y poética.

Oña era un gran poeta lírico, que no pudo lucir como debía por la artificialidad evidente de su imitación épica. En cambio es más natural en la contemplación de la naturaleza y si menos sincero en el retrato histórico, el poema tiene mayor riqueza de versos magníficos. "Corrige" lo histórico de Ercilla y su rudeza con escenas pastoriles absolutamente fantásticas y novelescas; irreales para el ambiente de la guerra y las costumbres de los araucanos, pero hermosas en sí, como el baño de Fresia, comparable a las mejores églogas de Garcilaso.

Oña describe con desamor las costumbres araucanas y trata de perversos a todos los héroes indios de Ercilla, como el retrato de Galvarino. En cambio pinta retratos rubenianos de las araucanas, los que habrían muerto de risa a las agraciadas, de haberlos leído. Así describe, por ejemplo, a Fresia, la legendaria esposa del toqui Caupolicán, quien arrojó despreciativamente a su hijo a los pies del cacique preso, por haberse dejado vencer:

> Es el cabello liso y ondeado,
> su frente, cuello y mano son de nieve,
> su boca de rubí, graciosa y breve,
> la vista garza, el pecho relevado;
> de torno el brazo, el vientre jaspeado,
> coluna a quien el Paro, parias debe,
> su tierno y albo pie por la verdura
> al blanco cisne vence en la blancura . . . (A.D., 173)

Pedro de Oña, inferior en lo épico al modelo Ercilla, es mayor poeta lírico, de corte gongorino, rico en léxico y en ardides musicales, poseedor de hermosas metáforas, como cuando describe al águila, "dejando roto el aire con su vuelo . . ."

Cervantes se refiere a él en su *Parnaso,* como al poeta "el que añudó de Arauco el nudo roto . . ."

40

Diego Santisteban de Osorio, al año siguiente del poema de Oña, publica unas *IV y V Partes de La Araucana;* y el Sargento mayor Juan de Mendoza y Monteagudo, escribe, sin título, en 1597 un poema "sobre las Guerras de Chile", que Medina publicó en 1888.

El historiador colonial Padre Ovalle atribuye, reproduciendo partes suyas, un poema titulado también *La Araucana* al capitán Alvarez de Toledo; y el historiador León Pinelo le atribuyó además, en 1629, la paternidad de otra epopeya *El Purén indómito,* de 1598.

El Purén indómito. Esta obra, inédita hasta 1862 en que Diego Barros Arana, el historiador chileno, la publicó en París, narra la muerte del gobernador Martín Oñez de Loyola y la destrucción de las siete ciudades de Arauco. El poema no tiene la vena heroica de Ercilla ni la elegancia lírica de Oña; pero es interesante por la crítica social y el retrato irónico que el autor criollo hace del conquistador español.

Aunque su atribución a Alvarez de Toledo era indiscutida por mucho tiempo, la acuciosa crítica más reciente parece haber descubierto que Alvarez sólo escribió *La Araucana* y que *El Purén indómito* es de la pluma de Diego Arias de Saavedra (Almeyda, *Revista Chilena de Historia y Geografía,* n. 103). Almeyda, a mi juicio, refuta claramente el error de Pinelo al atribuir este poema a Alvarez y el concienzudo historiador chileno actual, Francisco A. Encina, ha hecho suya la tesis de Almeyda (Encina, *Historia de Chile,* t. IV, p. 383). Una estrofa de Arias de Saavedra en que narra la rebelión de los purenes (1598) fue citada por Lope de Vega en *El nuevo mundo descubierto por Colón.* He aquí la octava real:

> Son los purenes gente belicosa
> y cabeza de todos los chilcanos;
> en una gran laguna cenagosa
> viven todos, cercados de pantanos;
> han gozado de vida licenciosa
> sin haber tributado a los hispanos;
> Arauco y Tucapel se les sujetan,
> y las demás naciones los respetan.

Fuera de los imitadores de Ercilla, la naturaleza y las gentes heroicas de la conquista producen, en otras partes de las Indias, numerosos poemas de corte épico, como *Elegías de varones ilustres de Indias,* retratos en verso de Juan de Castellanos. Los 150,000 versos prosaicos, en endecasílabo, del conquistador y luego sacerdote sevillano de Nueva Granada, son un arsenal copioso de información sobre los orígenes de Venezuela, el Caribe, Colombia y sus personajes, como el loco Lope de Aguirre y el conquistador Jiménez de Quezada (1598).

La Argentina y conquista del Río de la Plata, con otros acaecimientos del Perú, Tucumán y Estado del Brasil, de Martín del Barco Centenera (1602), testigo de las expediciones de la Argentina, narra la fundación de Buenos Aires y otros varios hechos de la conquista de la América del Sur. Sus vívidas descripciones de la Pampa y de las costumbres locales podrían señalarlo como a un precursor lejano de la literatura gauchesca ríoplatense.

La conquista de México inspiró varios poemas menores, como *El Peregrino Indiano* de Antonio de Saavedra Guzmán (1599), *Nuevo Mundo y conquista,* octavas de Francisco de Terrazas, considerado el primer poeta natural de México y el *Cortés valeroso* de Gabriel Lasso de la Vega (1588).

El Perú vió aparecer las *Armas antárticas, hechos de los famosos capitanes españoles que se hallaron en la conquista del Perú,* superior en valor literario al más conocido poema de su época, *Lima fundada* (1732) del humanista Pedro de Peralta Barnuevo, de quien se hablará más adelante.

Pero en medio de esta infinidad de poemas o libros de caballerías en verso, de mérito secundario, aparecen dos poetas épicos dignos de Ercilla y autores como el de los mejores poemas épicos castellanos de la época moderna: un hijo adoptivo de México y un sevillano del Perú: *La Grandeza Mexicana* (1604) de Bernardo de Balbuena y *La Cristíada* de Fray Diego de Hojeda (1611).

Bernardo de Balbuena (1568-1627). Nacido en Valdepeñas, España, pero hijo de castellano avecinado en México, pasa a fines del siglo XVI a Cuba y México en donde es cura, Abad luego de Jamaica y muere de Obispo de San Juan de Puerto Rico.

Uno de los primeros grandes poetas de la colonia, Balbuena publica: *Grandeza Mexicana* (1604); *El siglo de oro en las selvas de Erífila,* novela pastoril en prosa y verso, apadrinada por Quevedo y Lope y publicada en el siglo XIX por la Real Academia Española de la Lengua como monumento literario de las letras hispánicas. Y finalmente, saliendo del tema americano, pasa a ensayar la epopeya renacentista con *El Bernardo o la Victoria de Roncesvalles* (1624), en que celebra las glorias de Bernardo del Carpio, con lo que entronca en el ciclo carolingio del romancero castellano.

En *La Grandeza Mexicana,* en los más tersos tercetos que se han escrito en castellano en la Edad de Oro, canta Balbuena las bellezas de la ciudad de México, para explicárselas a una dama española viuda, con un hijo religioso, que venía a retirarse a un convento mexicano, doña Isabel de Tovar y Guzmán. Contemporáneo de Góngora, el barroquismo de Balbuena es un barroquismo mexicano, adornado pero sin artificios exagerados, y lleno de figuras y metáforas estupendas que muchos vanguardistas envidiarían: un caballo alazán "hecho de fuego en la color y el brío"; "tiembla la luz sobre el cristal sombrío" . . . etc. Maneja el verso con soltura y elegante belleza únicas aun entre los maestros de su tiempo.

> Y así en virtud del gusto con que enseñan
> el mío a hacer su ley de tu contento,
> aquestas son de México las señas.
>
> Bañada de un templado y fresco viento,
> donde nadie creyó que hubiese mundo
> goza florido y regalado asiento.
>
> No tiene tanto número de estrellas
> el cielo como flores su guirnalda,
> ni más virtudes hay en él que en ellas . . .
>
> Que es ver sobre las nubes ir volando
> con bellos lazos las techumbres de oro
> de ricos templos que se van labrando! . . .

43

Todo el año es aquí mayos y abriles,
tiempo agradable, frío comedido,
cielo sereno y claro, aires sutiles . . .

(Después de enumerar prolija y elegantemente las flores del suelo mexicano, concluye en el cap. IV):

. . . aquí con mil bellezas y provechos
les dió todas la mano soberana.

Este es su sitio y éstos sus barbechos,
y ésta es la primavera mexicana.

Los de Balbuena son los versos más hermosos escritos en América antes de sor Juana Inés de la Cruz, que floreció medio siglo más tarde.

Fray Diego de Hojeda (Sevilla, 1571-Huánuco, Perú, 1615). Superior de la Orden de Santo Domingo, en el Cuzco, maestro de teología y misionero, es el autor del mejor poema épico-religioso de la lengua castellana, *La Cristíada,* digna de Milton.

En la tertulia de los Virreyes del Perú se reunían en un mismo tiempo: Pedro de Oña, Fray Diego de Hojeda, Diego Dávalos (autor de *Miscelánea austral* y *Defensa de damas*), Diego de Aguilar y Córdova (autor de *El Marañón*), Miguel Cabello de Balboa (autor de *Miscelánea antártica*), Pedro Montesdoca, alabado por Cervantes, Gaspar Villarroel, padre del ensayista obispo chileno Fray Gaspar de Villarroel, Diego Mexía (autor del *Parnaso antártico,* primera antología de poesía americana, 1608). Luego llega a Lima como Virrey el Marqués de Esquilache, legislador social (Tasa de Esquilache) y florido poeta, conocido por su poema épico *Nápoles recuperada.* En el grupo se destaca el dominicano Hojeda. Otro fraile predicador, Fray Enrique de Garcés había sido el primer poeta del Perú, traductor de Petrarca y de Camoens (1585). Pero Diego de Hojeda es el que llevó la poesía peruana a una altura comparable a la de Ercilla en Chile y Balbuena en México.

Su extenso poema religioso, *La Cristíada,* el mejor poema religioso escrito en castellano, hasta ahora, es una obra injustamente olvidada, siendo un monumento que por sí solo bastaría para incorporar nuestra literatura colonial al nivel europeo de la poesía del Renacimiento.

El poeta español Quintana dice del lenguaje de Hojeda: "El lenguaje de *La Cristíada* es propio, natural, ajeno enteramente a la afectación" . . . es decir, clásico. Maravilla la naturalidad con que el ambiente americano se une a la maravillosa visión de la Pasión de Cristo, en un modo que no desmerece en nada de la altura del tema sacro.

La Cristíada se publica con versos introductorios de ilustres admiradores del religioso poeta, como Lope de Vega y Mira de Amezcua. El poema está dividido en XII Libros.

Cada libro comienza con una estrofa en que se compendia el argumento; canta la obra a la pasión de Jesús, desde la Ultima Cena hasta su muerte en la Cruz. Pero, retrospectivamente el Salvador mira a la historia del mundo y del primer hombre; y el poeta mira en su canto final los pecados de los hombres que crucifican al Redentor. En él vé al Rey de los ángeles desnudo colgando del patíbulo, el sol se avergüenza y Miguel Arcángel viene del cielo vengador. Su venida la describe con ricas imágenes y una solemne majestad de endecasílabos:

> Ya los fuertes caballos rutilantes
> que echaban fuego por las bocas de oro
> las ruedas volteando coruscantes,
> que dan al mundo nuevo el gran tesoro . . .,

el Arcángel detiene las riendas y el mundo se pára; e increpa al sol que se avergüenza de lo que han hecho a su Creador. Tiene Hojeda versos de sincera y sencilla emoción, como los siguientes:

> Yo pequé, mi Señor, y Tú padeces;
> yo los delitos hice, y Tú los pagas;
> si yo los cometí, Tú, qué mereces
> que así te ofenden con sangrientas llagas?

Lope de Vega llama a Hojeda "sacro Apolo, y en el orbe distinto-nuevo David y Evangelista quinto". Y mira de Amezcua, termina su soneto laudatorio así:

45

De hoy más, oh España valerosa, puedes
en los trofeos que tu fama alaba
poner uno, el mayor que el mundo ha visto,

pues que con él gloriosa es bien que quedes,
que un hijo que es de América tu esclava
llorando cante la pasión de Cristo

CAPITULO III

EL BARROCO

LA POESIA LIRICA Y EL BARROCO DEL SIGLO XVII

El Siglo de Oro español llega a América no sólo en la persona de algunos de sus poetas insignes y en la creación solemne de lo mejor de su poesía épica. También, en la época clásica, los poetas de México y Lima emulan con los clásicos de España y los siguen.

En el siglo XVII don Luis de Góngora tiene discípulos fervientes en el Nuevo Mundo y el barroco americano recibe rutilantes gemas del barroco gongorino; la poesía y el teatro hispanoamericanos llegan, en este período, a las más altas cumbres.

Cristóbal de Cabrera, poeta burgalés, es el primero que escribe versos clásicos en el Nuevo Mundo, con Francisco Cervantes de Salazar, discípulo de Luis Vives; mientras un madrileño de México, Eugenio Salazar de Alarcón, auditor de la Real Audiencia y discípulo de Fernando de Herrera, publica *Epístola al insigne Hernando de Herrera.*

Francisco de Terrazas, elogiado por Cervantes, es el primer poeta nacido en México, que se sepa, y publica, en 1577, *Flores de varia poesía, recogidas de varios poetas españoles,* primera antología publicada en Indias, alrededor del medio siglo de la conquista de la Nueva España.

En el siglo XVII, especialmente en los Virreinatos de México y Lima, las colonias están en paz y florecientes, con excepción de las continuas guerras de Arauco. El refinamiento de las cortes virreinales no cede al de la corte madrileña, bajo Felipe II, y aun con mayor lujo en las Indias del oro y la plata.

Después de las muertes de Calderón, Quevedo, Velázquez y Murillo, entre 1680 y 1682, comienza en España una decadencia tras el largo fulgor de los dos siglos de la Edad de Oro. Pero el genio español sigue, entonces, creando en tierras de América: palacios y catedrales, la escuela de pintura de Quito, la escultura, la música, el teatro y la poesía siguen resplandeciendo hasta entrado el siglo XVIII. De modo que el Barroco hispánico no termina tampoco con la muerte de Sor Juana.

El brillo de las elegancias verbales de Góngora y la agudeza intelectual de Quevedo encuentran eco, a veces ampliado, en las lujosas cortes de virreyes mecenas y hasta en la culta soledad de los conventos. Hombres y mujeres cultivan la poesía y se comunican con los grandes poetas de España; hay unidad cultural casi perfecta entre las dos orillas del Imperio hispánico. El signo artístico del momento es el Barroco, en poesía bajo los nombres de Gongorismo y Conceptismo.

Vidas de santos, en verso, contribuyen a la moda gongorina americana, como *La elocuencia del silencio* (Vida de San Juan Nepomuceno, mártir del secreto de la confesión) del mexicano Miguel de Reyna y Zeballos. Los sonetos de Terrazas, el protopoeta mexicano, y las escenas de amor de su *Nuevo Mundo y conquista* muestran en él a un hábil poeta lírico.

En Lima pululan las vidas de santo en verso, desde las de Santa Rosa de Lima y Santo Toribio de Mogrovejo, santos peruanos, hasta la de Santo Tomás de Aquino o los 23 mártires del Japón. En Quito, en su puerto de Guayaquil, Jacinto de Evia publica en 1675 una antología y Juan del Valle Caviedes llega a ser uno de los más populares poetas de Lima pasada la mitad del siglo.

Lope de Vega y Cervantes mencionan elogiosamente a un centenar de poetas de fines del siglo anterior y comienzos del XVII. Pero entre todos ellos, hay ciertas figuras señeras que merecen atención aparte.

Amarilis. Algunos historiadores dan la impresión de que no hubo en la colonia más lírico que "La Décima Musa", "la Monja de México", sor Juana. Sor Juana Inés de la Cruz no es una excepción o un oasis sino la cumbre de una sociedad culta, en que la poesía es tenida en honor y en que más de una dama la cultiva con excelencia.

En Lima, en el siglo XVII, escribe versos sencillos y delicados la santa patrona de América, Santa Rosa de Lima, en medio de las penitencias de su breve vida santa. Y hay dos misteriosas limeñas que con sus versos gongorinos, postrenacentistas, brillantes, muestran, como dice Pedro Henríquez Ureña, "la cultura literaria de aquel virreinato". (*Nuevas corrientes literarias,* III, p. 79).

Estas dos poetisas firmaron con seudónimo de las pastoras clásicas, usados en la España del siglo XVI. *Clarinda* escribe a fray Diego Mexía un largo poema titulado *Discurso en loor de la poesía* (1608) y *Amarilis,* seudónimo probablemente de doña María de Alvarado, según investigaciones de Menéndez y Pelayo, una *Epístola en silva, a Lope de Vega* (1621).

La hermosa hija de uno de los conquistadores de Huánuco (Perú) vivía en un convento de Lima desde donde dirigió al viejo poeta castellano una vibrante epístola de admiradora enamorada. El Fénix de los Ingenios contestó con otra epístola en verso, *De Belardo a Amarilis* y publicó ambos poemas a continuación de su *Filomela.* Félix López de Vega Carpio (1562-1635) inmortalizó así a la poetisa peruana, cuyos versos, al decir del erudito Menéndez y Pelayo, superan a los del gran lírico y dramaturgo español.

Algunas muestras de las silvas de la joven criolla, que lanza al viejo vate, protegida por la distancia y la falta de esperanzas de retribución, su voz de amor:

> Oí, tu voz, Belardo; mas, qué digo?
> No Belardo, milagro, han de llamarte:
> éste es tu nombre, el cielo te lo ha dado;
> y Amor, que nunca tuvo paz conmigo,
> te me representó parte por parte,
> en ti más que en sus fuerzas confiado,
> mostróse en esta empresa más osado,
> por ser el artificio
> peregrino en la traza y el oficio,

otras puertas del alma quebrantando.
No por los ojos míos, que volando
están con gran pureza;
mas por oídos, cuya fortaleza
ha sido y es tan fuerte
que por ellos no entró sombra de muerte . . .

Mas nunca tuve por dichoso estado
amar bienes posibles,
sino aquellos que son más imposibles . . .

El sustentarte amor sin esperanza,
es fineza tan rara, que quisiera
saber si en algún pecho se hallado;

y admirando tu ingenio portentoso,
no puedo reportarme
de descubrirme a ti y a mí dañarme . . .

Navegad: buen viaje: haced la vela:
guiad un alma que sin alas vuela . . .

Sor Juana Inés de la Cruz (Juana de Asuaje y Ramírez de Santillana, México, 1651-1695). La influencia del barroco gongorino abrillantó la poesía hispanoamericana colonial. La poesía lírica americana del período barroco, el siglo XVII, es abundante y rica. Hay dos razones del poco conocimiento y reconocimiento que de ella se ha tenido hasta ahora. Una es que el signo de Góngora fue detestado, y difamado, por críticos de la autoridad de Menéndez y Pelayo y sus repetidores.

El gran crítico español, de ordinario miope en cosas de América, se expresaba de la poesía nuestra colonial como de un fárrago de poesía toda llena "de pedantería y aberración" gongorina, como una epidemia sin valor artístico, con la única "excepción", por "sobrenatural" privilegio, de Sor Juana. Pero resulta que, precisamente para comprender el alto lugar de Sor Juana es menester, como hizo Gabriel Méndez Plancarte en la *Introducción* de sus *Obras Completas,* corregir esa visión negativa del período. La lírica colonial tiene un alto valor, y gracias en gran parte, a la influencia de don Luis de Góngora.

La segunda razón del injusto desprecio de nuestra lírica colonial es que sólo recientemente, críticos independientes, e irreverentes frente a don Marcelino, han emprendido la tarea no liviana, de desenterrar los tesoros de nuestra poesía antigua. Don Juan Valera, Unamuno, y Ramón Menéndez Pidal y luego sus discípulos, Onís, Amado Alonso, Dámaso Alonso, en la época contemporánea descubrieron para España y aun para Hispanoamérica, la lírica americana. Méndez Plancarte no "defiende" a Sor Juana, como el compatriota suyo mexicano Jiménez Rueda, González Peña y legión, de no "haberse contaminado" con la necia herejía gongorina, sino al contrario.

Defensa del Barroco. Venga o no, de la vieja palabra castellana "barrueca", que quiere decir perla irregular, el Barroco significa eso mismo: joya, adorno, lujo, esplendor, que esquiva la regularidad monótona y lisa de las rígidas formas clásicas y se explaya en movimiento, acción, volutas, espirales, oros de Indias y terciopelos rojos; contrastes y retorcimientos, luces y sombras, en un afán de novedosidad, originalidad y reverberante magnificencia como nueva.

Se ha exagerado demasiado la "oposición" entre Renacimiento y Barroco. Y a éste, frente a lo clásico, se le ha llamado decadencia del Renacimiento. Y es al revés. Miguel Angel, con quien comienza el Renacimiento italiano es el creador del barroco en escultura y arquitectura. El barroco no es la negación o degeneración, sino la cumbre y cúspide de perfección, del Renacimiento.

Barroco puede también derivarse de "baroco", una de las más intrincadas figuras lógicas; y el término se aplicó, primero con el desdeñoso significado de "extravagante", "excéntrico", raro. Cuando se identifica el Barroco con la Contrareforma, a veces se piensa en una contrarreforma católica opuesta al Renacimiento pagano. Pero no es lo que sucede históricamente. La Reforma protestante, y sobre todo, el Puritanismo, eran enemigos del Renacimiento, y Shakespeare tuvo que luchar para mantener su obra contra las autoridades. Y los países católicos meridionales, Italia primero, luego España y en tercer lugar

Francia, son los países más ricos en el Renacimiento artístico y a la vez en el barroco, sobre todo Italia y España. Lo que sí es verdad es que el barroco sirvió a la Contrarreforma en un sentido de arte didáctico.

Uno de los primeros monumentos arquitectónicos del barroco es la iglesia "del Gesú", construída para los jesuítas de Roma, en 1568, por Vignola, discípulo del Miguel Angel de la "inhumana armonía". El artista despliega en la iglesia romana la plata y el recargo de adorno, como una manera de meter por los ojos la real presencia de Cristo en el Sacramento de la Eucaristía, dogma católico fundamental,que negaba la Reforma protestante. Todo derroche de riqueza y de solemnidad era poca a los pies de la Divina Majestad.

Pero valga recordar que si el Barroco comienza por las iglesias, sigue luego por los palacios y hasta las residencias y jardines particulares, sobre todo cuando el barroco pasa al Rococó de la Francia de Luis XV.

Carl Friedrich, de Harvard, prefiere no definir restrictivamente el arte que se impone desde la segunda mitad del siglo XVI a la mitad del XVII (sigue en América). El arte que culmina alrededor del año 1660. Pero el crítico norteamericano nos da, dentro de la inmensa variedad del barroco, en el que se distinguen Velázquez de Murillo y El Greco de Rembrandt; y las iglesias coloniales americanas franciscanas de las jesuítas, ciertos rasgos comunes que dan unidad al movimiento barroco del diecisiete; movimiento, intensidad, fuerza.

Hay, precisamente en la decadencia de la Contrarreforma, una tensión entre paganismo y cristianismo ético, entre sensualidad renacentista y sobria austeridad remanente de la Edad Media y ejemplarizada en los santos de la Contrarreforma. Hay diversidad de España a los Países Bajos, o de Italia a Inglaterra. Pero en todos los artistas, como en los reyes patrocinantes, hay una búsqueda de la fuerza y el poder: poder del color, fuerza de la materia dinámica que vuela en los pliegues de las estatuas de Bernini o en la IX Sinfonía de Beethoven; movimiento y color de la palabra en los poetas barrocos y en el drama de

Shakespeare o Calderón, las teogonías de Milton o de Hojeda. Concluye Friedrich: "A sense of power calls in the artist for the capacity to portray, to dramatize tension; that is the quintessence of baroque". (*The age of baroque,* Harper, N. Y., 1952).

Así como el Renacimiento no significó, en realidad, una ruptura con la Cristiandad Medieval, sino que fue culminación del Humanismo de la Edad Media, iniciado con Boecio y Casiodoro; tampoco el Barroco es negación del Renacimiento, ni su ocaso, sino su cumbre esplendente. Ortega y Gasset llama al siglo XVI siglo de "inquietud parturienta"; pero esa inquietud, contenida por la racional armonía de lo clásico, bulle y estalla en el siglo XVII, con la ruptura de los frontones, el retorcimiento de líneas y espirales, abundancia de ornamentos superfluos y magníficos y la escultura dinámica, movimiento cogido en la piedra o el bronce, que se independiza de la arquitectura; la línea recta se difumina en un vuelo que no pesa, y el contraste de luces y sombras del Greco, un Ribera o un Rembrandt marca el triunfo de lo pictórico sobre lo lineal, en visión de profundidad; de la claridad serena se entrega el nuevo estilo a una complejidad misteriosa preñada de tensiones dramáticas.

El Barroco es el dinamismo en las figuras y el infinitismo, en un mundo que levanta artesonados "donde nadie soñó que hubiera mundo" . . .

Al mismo tiempo, el racionalismo del siglo XVII francés tiene sus raíces en el Barroco, amante del "sistema"; el capricho voluntarioso que comienza la revolución de novedosidad frente a lo clásico se muda en el "voluntarismo de la razón", que dice Xavier Zubiri. La cosmografía y la física se racionalizan, con las leyes de Kepler, Galileo y Newton; la filosofía se racionaliza en Descartes a base de matemáticas; con Boyle se pasa de la alquimia a la química científica; Linneo sistematiza la anatomía; la técnica descubre instrumentos de medida y de observación; el termómetro, el telescopio; y la antropología elabora el sentido renacentista de la "dignidad humana". Francisco Suárez S. J. granadino, funda la democracia en esa dignidad fundamental, igual en todos los hombres; en ese principio, ya sostenido por Vitoria en el siglo XVI, se fundan las Leyes de Indias, que equiparan al indio y al castellano. Murillo y Velázquez hallan la misma dignidad de sujeto de arte en el rey y el mendigo, el príncipe y el bobo, la infanta y el monstruo, el caballero y el borracho.

El capitalismo, encauzado en el puritanismo, establece una economía dinámica; la teología insiste en las tensiones fundamentales derivadas del pecado original; el protestantismo para mirar al hombre como corrompido, y el catolicismo para resaltar las fuerzas desordenadas de la concupiscencia contra el espíritu. El siglo XVII es el siglo de las "Utopías", llenas de esperanzas barrocas: Campanella y Bacon, Thomas More y Vasco de Quiroga, Las Casas y los jesuítas del Paraguay.

El Barroco, primero, es Arte: el de Lope y Góngora, Cervantes y Shakespeare, Quevedo y Calderón, el Greco y Velázquez; luego, física y geometría, con Galileo, Descartes, Pascal; y en una tercera etapa, intelección racional de la fuerza-power-poder, desde Newton a Leibnitz. El barroco se expresa en el tipo español del hidalgo orgulloso y pobre, aventurero, o místico; en el gentleman británico, elegante y corsario; para transformarse, en el recoco de la decadencia, en el honnête-homme francés, que prepara el siglo de las luces, la Ilustración del 700.

Dentro del Barroco los hombres están ya divididos por nacionalidades y por religiones; divisiones nacidas en el siglo XVI. Los artistas católicos: Bernini, Velázquez, Calderón, Shakespeare, Rubens, Bossuet; los protestantes, Rembrandt, Bach. Los estilos de vida dividen peculiarmente a Europa entre los meridionales católicos, Italia, Francia, España, Austria; frente a Inglaterra, Alemania y Flandes protestantes. Epoca de contrastes y oposiciones, de luchas religiosas y de irreverencias paganas; del místico y del pícaro; del fraile y el encomendero; del cortesano y el pirata. Y de la fusión ciclópea de las culturas europeas en el barro virgen de las razas de América; de la poesía popular y la poesía culterana; de la pasión y de la razón.

Barroco americano. En Hispanoamérica el barroco es recibido natural y espontáneamente por el tipo barroco de los conquistadores y el tipo "barroco" de los descendientes de mayas, aztecas e incas; geómetras y colonistas; organizadores de imperios indios y de templos al Sol; en el escenario extraño que se extiende entre las más altas cordilleras y los ríos como mares, los desiertos blancos y las selvas verdiazules.

Por eso, en la poesía, encontramos rasgos gongorinos tan tempranos como en los versos de Pedro de Oña. Pero la cumbre es Sor Juana, quien une en un real barroco de plenitud, lo gongorino de los culteranos con el conceptismo de Quevedo. Ahora podemos volver a ocuparnos de la Décima Musa.

Sor Juana Inés de la Cruz nació en Nepantla, México, en 1651 y murió víctima de caridad heroica cuidando apestados, en su convento de San Jerónimo de la ciudad virreinal de México, en 1695.

A los tres años, Juana de Asuaje (según la forma más probable del apellido) leía, y a los ocho se le ofrecía un premio por una "Loa". Pidió permiso a su madre para asistir a los cursos de la Universidad. No lo obtuvo, pero fue llevada a la corte del Virrey y mimada en ella por virreyes y virreinas. Allí la niña prodigio, que sabía de música y de matemáticas, de retórica y de astronomía, se sometió a un ceremonioso examen, que fue el comienzo de su triunfo intelectual. A los dieciséis años, "perseguida por hermosa y desgraciada por discreta", sea huyendo de los recuerdos de un desengaño amoroso (solución que ordinariamente es la explicación de los mundanos al misterio de la vocación religiosa), o, mucho más probablemente, para escapar a las vanidades inútiles de la vida cortesana, se metió al Carmelo, del que tuvo que salir por débil salud. Volvió al convento, pero al menos estricto de las Jerónimas de México. Y se dedicó a sus estudios, a la par que al cumplimiento ejemplar de sus deberes de religiosa, con humildad que rehuyó dignidades; pero sin gazmoñería lo que le permitió alternar con sabios y literatos que la admiraban, desde el Perú y España.

Intelectual y de firme voluntad, Pedro Henríquez Ureña cita dos párrafos que pintan el carácter de la monja: "No por otra razón es el Angel más que el hombre, que porque entiende más"; y "Obedecí en cuanto a no tomar libro, que, en cuanto a no estudiar absolutamente, como no cae debajo de mi potestad, no lo pude hacer, porque, aunque no estudiaba en los libros, estudiaba en todas las cosas que Dios crió". Manera de ser, y de escribir, teresiana; en que la verdad es la humildad y la sinceridad va unida a la gracia un tanto burlona. Por humildad y obediencia abandonó sus libros y dió a los pobres el producto de la venta; y atendió a todos los menesteres del convento, que "si Aristóteles hubiera guisado —dice la poetisa cocinera— mucho más habría escrito". Y murió por cumplir heroicamente con la caridad para con los apestados.

En 1689 apareció, en Madrid, su primer libro de poesía: *Inundación Castálida,* de la que se hicieron ocho ediciones hasta 1725. En 1692, en Sevilla, se publicó el *Segundo volumen de las Obras de Soror Juana Inés de la Cruz,* que contiene poesía, prosa y teatro. El tomo tercero apareció en Madrid, en 1700, *Fama y obras póstumas* (poesía, prosa y teatro). Dos de sus obras se perdieron en la invasión norteamericana de México en 1847: *El caracol* (tratado de música) y *Equilibrio moral,* sobre la doctrina de los moralistas llamada "probabilismo". Gabriel Méndez Plancarte ha publicado, en *Fondo de Cultura Económica de México,* sus *Obras Completas* (1951), divididas en cuatro tomos: I—Lírica personal; II—Villancicos y letras sacras (o Lírica colectiva); III—Teatro sacro y profano (autos sacramentales, comedias, sainetes, saraos y loas) IIV—Prosa (y Fama).

Sor Juana es culterana y conceptista, es decir barroca, en su arte. Lo cual no quiere decir que sea discípula, o menos imitadora, de Góngora ni de Quevedo. "Podrá divagarse con largueza —dice Luis A. Sánchez— en torno del barroquismo explícito o implícito, buscado o espontáneo de Sor Juana; pero poetas como ella, entonces y hoy, muy pocos . . ." (*Escritores representativos de América,* Madrid, Ed. Gredos, 1957).

Su poesía es variada, su técnica es de un virtuosismo que supera a veces al gran Góngora; su maestría fluye sencilla o erudita, elegante siempre y graciosa; en temas sacros o de amor profano; en versos de ocasión o en romances de tono popular;

en redondillas de sátira filosófica o en el soberbio ensayo gongorino de su *Primero sueño*. Redondilla, décima, lira, soneto, romance, lira; todas las formas tradicionales y novedosas brotan llenas de inteligencia y diafanidad de su inspiración intelectual y muy femenina, elevada y a la vez ingenua; con concepto bien ceñido y feliz expresión verbal. Vayan aquí unos pocos ejemplos de su varia obra, desde el soneto *A un retrato* de ella misma, hasta el primer ensayo de . . . poesía negra americana.

A UN RETRATO

Este que ves, engaño colorido
que, del arte ostentando los primores
con falsos silogismos de colores
es cauteloso engaño del sentido.

Este en quien la lisonja ha pretendido
excusar de los años los horrores,
y, venciendo del tiempo los rigores,
triunfar de la vejez y del olvido,

es un vano artificio del cuidado;
es una flor al tiempo dedicada;
es un resguardo inútil para el hado;

es una necia diligencia errada;
es un afán caduco, y, bien mirado,
es cadáver, es polvo, es sombra, es nada.

Del *"Romance de los celos"*

Ellos solos se han con él
como la causa y efecto.
¿Hay celos? Luego, hay amor;
¿hay amor? luego habrá celos.

POESIA AMOROSA

Aun en mitad de mi enojo
estuvo mi amor tan firme,
que, a pesar de mis alientos,
aunque no quise, te quise . . .

¡Ay, mi bien, ay prenda mía,
dulce fin de mis deseos!
¿Por qué me llevas el alma
dejándome el sentimiento?
Mira que es contradicción
que no cabe en un sujeto,
¡tanta muerte en una vida!
¡tanto dolor en un muerto!

SATIRA FILOSOFICA

Hombres necios, que acusáis
a la mujer sin razón,
sin ver que sois la ocasión
de lo mismo que culpáis;
sin con ansia sin igual
solicitáis su desdén,
¿por qué queréis que obren bien
si las incitáis al mal?

¿O cuál es más de culpar,
aunque cualquiera mal haga:
la que peca por la paga,
o el que paga por pecar?

¿Pues para qué os espantáis
de la culpa que tenéis?
Queredlas cual las hacéis
o hacedlas cual las buscáis.
Dejad de solicitar
y después, con más razón,
acusaréis la afición
de la que os fuere a rogar . . .

Ha habido demasiada incursión poco delicada para encontrar la intriga amorosa que inspira ardientes y sinceros versos de amor a esta linda monja mexicana. Pero en vano. Ninguna investigación seria autoriza para pensar en la falta de sus deberes al voto de castidad de esta religiosa cumplida, y gran señora. Algunos versos son simple creación poética, no anécdota, como cuando habla como si fuera una viuda cantando su dolor.

No sería poeta si no pudiera sentir y decir sentimientos humanos universales. Otros, podrían explicarse por sus experiencias cortesanas y unos pocos recuerdos vencidos y conquistados, de aquellos que pidieron en la corte su mano y ella no quería y los que quería y no la amaron.

Autores hay que contradistinguen la "mexicanidad" de Ruiz de Alarcón con la "falta de americanidad" de Sor Juana, lo que es un fácil paralelo superficial. Porque Sor Juana es mexicanísima y se siente lo americano en sus sentimientos:

> Que yo, señora, nací
> en la América abundante,
> compatriota del oro,
> paisana de los metales,
> adonde el común sustento
> se da casi tan de balde,
> que en ninguna parte más
> se ostenta la tierra Madre . . .

Una nota precursora de la "poesía negra" de la Vanguardia:

> *Un coloquio de dos "princesas de Guinea":*
>
> Negra 1. —Ha, ha, ha!
> Negra 2. —Monan, vivhilaá!
> He, he, he,
> cambulé!
> N. 1. —Gilá, coró,
> gulungu, gulungu,
> hu, hu, hu!
> N. 2. —Menguiquolá.
> Ha, ha, ha!"

Al lado de esta perfecta imitación del canto negro, a tanta distancia de Guillén y Palés Matos, véase la elegancia de sus romances decasílabos, en que campea el esdrújulo bien empleado:

> Lámina sirva el Cielo al retrato,
> Lísida, de tu angélica forma:
> cálamos forme el Sol de tus luces;
> sílabas las estrellas compongan.

O en el elogio a un caballero cordobés:

> Córdoba, que por ser hijo suyo
> Góngora, de felice se precia,
> méritos admirando mayores
> tácita su blasón te cediera . . .

Y la definición de la gracia del romance, al Conde de la Granja:

> Pero el diablo del Romance
> tiene, en su oculto artificio,
> en cada copia una fuerza,
> y en cada verso un hechizo.

La poesía barroca de Sor Juana, tiene eso: la fuerza y el hechizo con que la poesía clásica, serena y pálida, se levanta a la más alta magnificencia de la lengua hasta Rubén.

En sus *Romances sacros* hay un eco de los villancicos de Góngora, como aquel de:

> Caído se le ha un clavel
> hoy a la Aurora del seno,
> ¡que glorioso que está el heno
> porque ha caído sobre él!

Por ejemplo: (N. 53, p. 163, OC-I):

> De la más fragante Rosa
> nació la Abeja más bella,
> a quien el limpio rocío
> dió purísima materia . . .
>
> Mas, ay! que la Abeja tiene
> tan íntima dependencia
> siempre con la Rosa, que
> depende su vida della;
> pues dándole el néctar puro
> que sus fragancias engendran
> no sólo antes la concibe,
> pero después la alimenta . . .

Romance en que hay el enlace más prodigioso de la lengua entre la exactitud teológica y la finura estética, entre la devoción emocionada y la sencilla frase como natural.

El poema más fundamental de la obra de sor Juana es otro eco de Góngora. A las *Soledades* gongorinas, responde la monja mexicana con *El primero sueño.* Amado Alonso ha demostrado ya definitivamente que no era necedad arbitraria sino honda poesía el poema de Gongora. Méndez Plancarte ha señalado la exaltitud del poema de sor Juana, "emperatriz de la lengua". La misma sor Juana escribía: "No recuerdo haber escrito por mi gusto sino un papelillo que llaman *Sueño.* (Respuesta a sor Filotea, pseudónimo de un obispo que la escribía pidiéndole abandonara las letras mundanales para concentrarse en sus oficios monacales. En casi un millar de versos, espléndidamente sueña la poetisa la lucha entre la Noche y el Amanecer. Y la Noche y el Sol corresponden al sueño humano y al despertar. La Décima Musa tiene versos como éstos:

> todo, en fin, el silencio lo ocupaba;
> El sueño todo, en fin, lo poseía;
> aun el ladrón dormía;
> aun el amante no se desvelaba . . .

Y el alma sube en sueños a contemplar a Dios, como el águila vuela hacia el sol:

> A la región primera de su altura
> (ínfima parte, digo, dividiendo
> en tres su continuado cuerpo horrendo),
> el rápido no pudo, el veloz vuelo
> del águila que pintas hace al cielo
> y al sol bebe los rayos pretendiendo
> entre sus luces colocar su nido —
> llegar; bien que esforzando
> más que nunca el impulso, ya batiendo
> las dos plumadas velas, ya peinando
> con las garras el aire, ha pretendido,
> tejiendo de los átomos escalas,
> que su inmensidad rompan sus dos alas . . .

Hasta que el sol vuelve triunfante:

> . . . mientras nuestro Hemisferio la dorada
> ilustraba del sol madeja hermosa,
> que con luz judicïosa

61

de orden distributivo, repartiendo
iba, y restituyendo
entera a los sentidos exteriores
su operación, quedando a luz más cierta
el Mundo iluminado, y Yo despierta.

Sor Juana es no sólo la gloria más alta de las letras de México y de la América colonial, sino que, con Menéndez Pelayo, Vossler, Amado Nervo, Gabriela Mistral y Alfonso Reyes, la podemos llamar la reina de la lírica del siglo de oro hispánico, y el genio más alto de nuestra colonia. Y en la lírica de lengua castellana, con Garcilaso, Góngora y Rubén Darío, la cuarta columna del Parnaso hispánico.

La poesía mística de la Madre Castillo. También en el Virreinato de Nueva Granada, como en Nueva España, el escritor más importante de toda la época colonial es una mujer y monja, índice elocuente de la amplitud de la cultura en la América española del siglo XVII.

Sor María Josefa del Castillo y Guevara (1671-1742), colombiana, tres veces Abadesa del Monasterio de Sta. Clara de Tunja, y muerta en olor de santidad, cuyo cadáver se mantuvo por años incorrupto, ha sido comparada a los grandes místicos españoles de la edad de oro, Santa Teresa y San Juan de la Cruz. Menor genio poético que sor Juana es menos intelectual y más mística, menos variada y más tierna.

Se conservan dos libros, escritos por orden de sus superiores, como la Santa de Avila: *Sentimientos espirituales* (Bogotá, 1843, publicado por un sobrino suyo) y *Vida de la Venerable Madre Francisca Josefa de la Concepción, escrita por ella misma* (Filadelfia, 1817). En el primer libro, que contiene su poesía, se encuentran sus famosos romancillos sacros.

AFECTO 45

El habla delicada
del Amante que estimo,
miel y leche destila
entre rosas y lirios
Su melíflua palabra

corta como rocío,
y con ella florece
el corazón marchito.
Tan suave se introduce
su delicado silbo,
que duda el corazón
si es el corazón mismo.
Tan eficaz persuade,
que cual fuego encendido
derrite como cera
los montes y los riscos . . .

Poesía sencilla llena de unción y espontaneidad, sin que el adorno barroco esté ausente de sus composiciones, como señala Luis A. Sánchez, quien compara los juegos verbales de la monja colombiana con Sor Juana, Peralta Barnuevo, y dos siglos después, con Rubén Darío.

Fuego en que alma se abrasa
hidrópica de su incendio,
sólo el remedio apetece
de añadir al fuego, fuego.
Espera que éste no es
como los demás incendios,
donde si la llama, llama,
hace diseño de ceño.
Pero éste de amor divino
es tan amoroso incendio
que cuando se enseña, enseña
muestra del afecto, afecto.
Prodigio de las finezas
ha querido echar el resto,
pues cuando la muestra, muestra
hace del precio, desprecio.

Versos místicos en los que si bien no alienta la altura de San Juan de la Cruz, hay una gracia sorjuanesca y una mejor versificación que la de Santa Teresa. En cambio, su *Vida,* pese a Menéndez y Pelayo, es muy inferior a la sabrosa y vívida Vida de la doctora del Carmen.

Un poeta gongorino del Ecuador. El padre Juan Bautista de Aguirre, jesuíta (Daule, Ecuador, 1725-Tívoli, Italia, 1786), es uno de los muchos desterrados ilustres de Carlos III, de quienes nos ocuparemos en la prosa del siglo XVIII. Es una muestra de la permanencia del barroco y, en las letras, del gongorismo, en nuestras tierras de América. Poeta peregrino e irónico, cuyas *Poesías y obras oratorias* han sido publicadas por Gonzalo Zaldumbide y el Padre Espinosa Polit, es el mayor poeta del reino de Quito.

Escribió: *Versos castellanos* (obras juveniles); *Monserrate,* poema heroico sobre las acciones y vida de San Ignacio (inconcluso) y varias obras de apuntes para sus lecciones de Teología y Filosofía.

Por sus sonetos, silvas o redondillas, el poeta ecuatoriano merece ser recordado junto a las monjas de México y Colombia, al obispo de Puerto Rico y al criollo de Arauco, entre los mejores poetas de la colonia americana.

A UNOS OJOS HERMOSOS

Ojos cuyas niñas bellas
esmaltan mil arreboles,
mucho sois para ser soles,
poco para ser estrellas.
No soles porque abrasáis
al que por veros se encumbra,
que el sol todo el mundo alumbra
y vosotros le cegais . . .

Y aunque ángeles parecéis
ni merecéis tales nombres,
que ellos guardan a los hombres
y vosotros los perdéis.

Luis A. Sánchez, quien cita estos hermosos versos dignos de Gutierre de Cetina, nos da también este otro ejemplo gongorino del mar inconstante:

Ayer, en rocas de nieves
dragón de plata te vi
tan soberbio que temí
ser sorbo a sus piedras leves,

y hoy tan humilde se mueve
su resaca, que dudé
a ese peñasco que ve
de tu soberbia la mengua
si lo lames con la lengua
o lo adoras como pie.

El romancero americano. La poesía culta —y tan culta—
no agota el venero lírico de la América barroca. Los estudios,
tardíos, del chileno Vicuña Cifuentes y de don Ramón Menéndez Pidal, han descubierto para nosotros la presencia de una
rica poesía popular, en todos los países de habla castellana en
América. Los *Romances castellanos,* los romances viejos del siglo XV, traídos en la boca de los conquistadores recibieron
nuevas formas en los pueblos hispanoamericanos confirmando
el hecho ya averiguado que "dondequiera se habla español, allí
canta el romance".

"En España —escribe Menéndez Pidal— durante los siglos
XV y XVI el canto del romance vivía lo mismo entre el pueblo
bajo que en boca de grandes personajes, como Enrique IV o la
Reina Católica, Hernán Cortés o Felipe II, según anécdotas
históricas que nos lo aseguran . . ." El mismo investigador nos
cuenta del hijo de Cristóbal Colón quien compra en Madrid un
romance de autor conocido. Los judíos sefarditas mantienen,
no sólo entre el pueblo como sucede en España de hoy, sino
entre la gente culta, los viejos romances tradicionales cantados
en España antes de su expulsión. Qué tiene entonces de raro
que los descendientes de los conquistadores del siglo XVI
hayan conservado durante toda la colonia y hasta hoy, con diversas variantes, el tesoro hispánico del Romancero.

Cuenta Bernal Díaz del Castillo que un caballero que se
decía Alonso Hernández de Portocarrero dijo en cierta ocasión
a Cortés: "Paréceme, señor, que os han venido diciendo estos
caballeros que han venido otras veces a esta tierra:

"Cata, Francia, Montesinos — Cata París, la ciudad,
cata las aguas del Duero — do van a dar a la mar"
yo digo que miréis a las tierras ricas y sabéos gobernar. Luego

Cortés bien entendió a qué fin fueron aquellas palabras dichas y respondió:

"Dénos Dios ventura en armas — como al paladín Roldán, que en lo demás, teniendo a vuestra merced y a otros caballeros por señores, bien me sabré entender". Y en diversas ocasiones el puntual cronista de México recuerda ("Acuérdome yo . . .) cómo Cortés y otros compañeros llevaban en la boca los refranes y romances que corrían entonces por toda España.

En 1905 recorrió Menéndez Pidal algunos países sudamericanos para seguir la suerte de esas semillas del romancero en tierras americanas y ha publicado las varias versiones encontradas, especialmente, en el Perú, Chile, Argentina y Ecuador. Menéndez y Pelayo, por creer a Rufino Cuervo, había sentenciado que los llaneros de Colombia no cantaban romances. En la fecha del viaje de don Ramón, comenzaba a publicar en Chile sus estudios sobre el Romance en América el poeta y profesor Julio Vicuña Cifuentes, trabajos que fueron seguidos por otros del propio maestro español y notables investigadores de otros países. (*Cfr.* Vicuña Cifuentes Julio: *Instrucciones para recoger de la tradición oral romances populares,* Santiago, 1905; *Romances populares y vulgares,* Vol. VII de la Biblioteca de Escritores de Chile; Prof. Rodolfo Lenz, *Programa para estudios del folklore chileno,* Univ. de Chile, 1905; Agustín Cannobio, *Refranes chilenos;* Lenz, *Ueber die Beitrag zur chilenischen Volkspoesie,* von Santiago; *Beitrag zur chilenischen Volksunde;* Juan B. Ambrosetti, *Materiales para el estudio del folklore argentino;* Dr. A. Ernst, *Cancionero venezolano,* 1904; Ciro Bayo, *Romancero del Plata,* 1913; Sylvio Romero, *Cantos populares do Brazil;* estudios sobre el romancero de: José María Chacón, Pedro Henríquez-Ureña, (*Romances dominicanos,* 1913), Aurelio M. Espinosa (*Romancero nuevo mejicano,* 1915-1917); *Romances de Puerto Rico,* 1919; Ramón Menéndez Pidal, *Los romances de América* (Espasa-Calpe, Argentina, 1939).

El estudio de los romances americanos tiene múltiple interés. Es una fuente de folklore vivo y abundante; es un modo de estudiar las variantes lingüísticas en los diversos países y para seguir en ellos los cambios psicológicos de una región a otra del mundo hispánico. Aquí nos interesan, principalmente, como otro vasto campo de poesía colonial que sobrevive en nuestras tierras, y por el doble valor de documentos de una tradición poética nunca extinguida, como una raíz poética en el alma de nuestros pueblos; así como también por el interés que ha despertado la forma del romance entre los poetas cultos de América.

El propio romance español, tan conocido hoy gracias a los *Romances gitanos* de García Lorca, después del auge que tuvieron en España en la era romántica, fueron olvidados como baja poesía a fines del siglo XIX; hasta que Rubén Darío y Martí les dieron nueva forma lírica. El romance viejo se conserva oralmente en todos los pueblos con variantes. Por ejemplo, el romance tradicional de *La adúltera,* que en todas las versiones españolas termina con la muerte de la mujer, en las numerosas versiones chilenas, sin excepción, termina, en cambio con el duelo entre el amante y el marido, como en esta versión de Illapel (Chile):

—Ay qué niña tan bonita   que quita el lustre al sol!
Ah! quién durmiera en tu cama   una noche y otras dos!
—Dormirá usted, buen mancebo,   sin cuidado ni pensión;
que mi marido anda fuera   por esos campos de Dios . . .,
—Dios quiera que por donde ande   lo maten sin compasión;
entonces sin sobresalto   nos gozaremos los dos.
Micaela que esto dijo,   don Alberto que llegó . . . (MP. p. 25)

El Conde Alarcos, El galán y la calavera, romance que es origen de *El convidado de piedra, Delgadina la adúltera,* tienen su versión de Chile o de Argentina.

LA VIRGEN, EL NIÑO Y EL CIEGO (Colchagua, Chile)

Camina la Birgen pura   va la Birgen pa Belén.
en la mitad del camino   pidió el Niño de beber.
—No pidas agua, mi vida,   no pidas agua, mi bien,
que las aguas corren turbias   de no poderse beber . . .
—Ah, ciego que nada ve   ¿cómo me hace una mercé?
Dadle una naranja al Niño   para que apague la sed . . .
¡Qué ciego con tanta dicha,   que abre los ojos y ve!

67

ARRULLOS (Versión de Buenos Aires)

Este niño lindo   se quiere dormir
y el pícaro sueño   no quiere venir.
Hágale la cama   en el toronjil;
y en la cabecera   póngale un jazmín
que con su fragancia   me lo haga dormir.

Es todavía una veta inexplorada, o apenas comenzada a explorar, la riqueza del Romancero americano, conservado desde los días de la conquista y la colonia en el cantar gracioso de la tradición popular de todos los pueblos hispánicos de América. (Los hay también y numerosos, de Nuevo México, EE. UU.)

El Teatro Colonial. La historia del Teatro hispanoamericano está por hacerse. En contraste con la poderosa creación americana en la lírica, la novela y el ensayo, el teatro es, todavía, el género casi inexistente. Hay, en los últimos años, un renacimiento, del que se hablará en su propio lugar. Y es renacimiento; porque también el Teatro nació en la colonia, sobre la tradición dramática que ya tenían los pueblos indígenas y bajo el soplo inspirador del siglo de oro español. El renacimiento que tiene su sede principal en México, repite la historia de los orígenes: México es la cuna del teatro colonial.

Dice Pedro Henríquez-Ureña: "En el teatro la fusión (de las culturas española e indígenas) es todavía más sorprendente (que en la arquitectura y en la música). Entre los aztecas de México, entre los mayas y los quichés de Yucatán y Guatemala, y los quechuas del Perú, se habían desarrollado varios tipos de tragedia y comedia, derivados, según parece, de celebraciones rituales —una de ellas, quizá, los ritos de la vegetación, si interpreto bien a Garcilaso. Los primeros cronistas, —Santa Cruz Pachacuti, Acosta, Durán, Alba Ixtlilxochtli— describen las representaciones indígenas, sus teatros y su técnica escénica y de actuación". (*Las corrientes literarias de la América hispánica*, p. 59).

El teatro español, que había nacido de los misterios sacros de las iglesias medievales, como en el resto de Europa, se encuentra con un teatro indígena también nacido en los templos paganos. Por lo menos, sobrevive una de esas obras prehispánicas, el *Rabinal Achi,* de los quechuas (publicado por el abate Brasseur de Bourboug, *Coll. de documents dans les langues indigènes,* París, 1862). Era una escena para una danza ritual. Otro drama indígena peruano es el *Ollantay.* Un sacerdote español, Antonio Valdés, dijo haberlo descubierto en 1781. Los críticos modernos creen que es él el autor. De todos modos, esta obra, escrita en quechua por el misionero español del siglo XVIII es la reproducción de una obra tradicional indígena. Su leyenda antigua es hermosa, y se representó el drama, por última vez en presencia del Inca rebelde Tupac Amaru. La más hermosa versión moderna, en verso castellano, es la del escritor argentino Ricardo Rojas. Labardén, autor argentino de la tragedia *Siripo,* aprendió con el padre Valdés el arte dramático.

El padre Sahagún, en su *Historia,* conserva también himnos rituales y poemas heroicos, transmitidos en lengua náhoa por diez ancianos aztecas principales y que se recitaban a veces en forma dialogada, en las celebraciones religiosas indias. El *Voka Paukar* es una de las primeras formas cristianas del teatro quechua misional.

El arzobispo de Santo Domingo permitía, en 1610, que a las representaciones en las iglesias "se mezclen algunos entremeses graciosos y de cosas profanas, como no sean deshonestos o muy profanos". Ya en 1580 se daba en Santo Domingo un entremés de Cristóbal de Llerena. En 1660 Felipe IV prohibió en absoluto las representaciones en las iglesias. Pero ya desde 1538, en Tlazcala, se representaban Autos religiosos en las calles y plazas, con ocasión de la Festividad del Corpus Christi y la de San Juan Bautista y la Encarnación, como recuerda Motolinía. Los actores eran indígenas. En plazas, carros y cuadras, como dice Balbuena, en los primeros años del siglo XVII, se representaban "fiestas y comedias nuevas cada día, / de varios entremeses y primores, / gusto, entretenimiento y alegría".

Teatros especialmente construídos para la representación existían ya a fines del siglo XVI, en Lima bajo el gobierno de Luis de Velasco (1596), y se daban, desde 1591 comedias de

Juan Meléndez, el drama *La monja alferez* (Catalina de Erauzo) del madrileño Pérez de Montalván. En México hay teatros permanentes desde fines del siglo XVI. La *Casa de comedias* de don Francisco Leñón (1597). En Bogotá se dan comedias, como las de Fernando Valenzuela (*En Dios está la vida,* y *Vida de hidalgos,* 1619) desde el siglo XVII y los primeros teatros son de comienzos del siglo XVIII. Igual cosa ocurre en Buenos Aires, cuyo primer *Corral* es de 1757. En Chile, se representaron, en 1616, en "un teatro de vara y media de altura" (el proscenio), comedias de nobles del reino. (Medina, *Historia de la literatura colonial,* cit. por Encina, *Historia de Chile,* Vol. IV, p. 392)

A mediados del siglo XVII se representaban en América: autos sacramentales, misterios alegóricos; pero además hay verdaderas obras dramáticas en escena, como: *Algunas hazañas de don García Hurtado de Mendoza, marqués de Cañete, El Arauco domado* de Lope de Vega, *Los españoles en Chile* de González Bustos; *Santa Rosa de Lima* de Juan de Urdaille. En el siglo XVIII, ya con teatros especialmente construídos para el efecto, las autoridades protegen y fomentan el teatro. El obispo chileno Gaspar de Villarroel decretó que "los obispos no pecan mortalmente viendo danzas, oyendo tañer y asistiendo al cantar, si en estas cosas concurren los mismos resguardos que echamos al ver las comedias". En 1693 se representaron catorce comedias españolas clásicas y *El Hércules chileno* (*Caupolicán*), primer drama chileno. Antes se habían ya compuesto sainetes en el país.

El teatro de la América colonial se caracteriza por su carácter "americano" desde el comienzo. Tal como Hojeda daba un paisaje peruano a las escenas de la Pasión del Señor, en *El Divino Narciso,* loa de sor Juana Inés de la Cruz, los personajes tienen atributos de su tierra: "sale el Occidente, indio galán con corona", y a su lado sale la América, "india bizarra, con mantos y huipiles" y ante ellos "bailan indios e indias, con plumas y sonajas en las manos, como se hace de ordinario en esta danza". Muy temprano, además, el teatro americano emplea el tema "social" y la sátira política.

Fernán González de Eslava, llegado a México de 24 años, en 1558 fue preso por el virrey por una comedia en que criticaba los excesos tributarios, *Entremés entre dos rufianes.* Sus *Coloquios* se representaron en México entre 1567 y 1600.

Luis de Belmonte publicó en México muchas comedias, como *El diablo predicador,* durante sus estadías en México en el siglo XVII. Los dramaturgos, españoles o nacionales, seguían en la forma los modelos de Lope de Vega y Tirso de Molina. Pero pronto México tuvo, a su vez, un maestro del teatro del siglo de oro español.

Juan Ruiz de Alarcón (México, 1575-1639). De una familia numerosa, hijo de hidalgos de alcurnia histórica y pobres, Juan nació con doble joroba; y su fealdad y la pobreza le hicieron desgraciado en la sociedad y escaso de honores públicos, a la vez que mortificado y perseguido por los rivales de su genio. De unos 20 años partía a España. En 1613 vuelve a México. Los últimos veinticinco años de su vida los pasó en España. Los rivales que le molestaron en España eran, nada menos que Lope, Góngora y Quevedo. Como Garcillaso Inca, va a España este otro desencantado, de la edad barroca americana, a reclamar títulos, en los momentos en que Cervantes se eclipsaba en el teatro, porque "Lope se había alzado con la monarquía de la escena". Y a despecho de burlas y fracasos, se impone como uno de los grandes dramaturgos de España en el Siglo de Oro. Si Sor Juana es la cima de la lírica americana de toda la colonia, Alarcón es la cumbre del teatro americano de todos los tiempos. Tímido y cortés, agudo y valeroso, Alarcón contesta a las burlas con otras más ingeniosas y, tal como Cervantes defiende lo glorioso de su manquedad, Alarcón, en *Los pechos privilegiados* pone en boca del cómico Cuaresma una burla al viejo Lope de Vega enamorado y la defensa del hombre feo con ingenio:

> . . . culpa a un viejo avellanado
> tan verde, que al mismo tiempo
> que está aforrado de *martas,*
> anda haciendo Madalenos . . .

culpa a aquél que de su alma
olvidando los defectos,
graceja con apodar
los que otro tiene en su cuerpo.

culpa al que siempre se queja
de ser envidiado, siendo
envidioso universal
de los aplausos ajenos . . .

Dios no lo da todo a uno;
que piadoso y justiciero,
con divina providencia
dispone el repartimiento.
Al que le plugo dar
mal cuerpo, dió sufrimiento
para llevar cuerdamente
los apodos de los necios;
al que le dió cuerpo grande
le dió corto entendimiento . . .

Sólo ingenio me dió a mí:
pues en las cosas de ingenio
te sirve de mí, y de otros
en las que piden esfuerzo . . .

Hartzenbusch, tan buen dramaturgo como crítico, le dió a
Alarcón el lugar que le corresponde en la historia del teatro:
"Su estatua queda colocada para siempre donde la puso Hart-
zenbusch, en el templo de Menandro y Terencio, precediendo a
Corneille y anunciando a Molière". (*Menéndez y Pelayo,* cit.
por L. A. Sánchez, op. cit. p. 74)

Antes del teatro filosófico de Calderón y después de la comedia de capa y espada innovada por Lope, junto con su amigo
Tirso de Molina, el mercedario que había estado en México.
Alarcón es el más ingenioso y gracioso de todos ellos. Su teatro
es diferente y original; no escribió miles de comedias como
Lope o centenares como Calderón; solamente dos docenas, pero
bien construídas y pulidas. Y no fue a Lope al que Corneille
imitó, sino al jorobado mexicano. Pedro Henríquez Ureña dejó
sentada y justificada definitivamente la tesis del "mexicanismo"
de Alarcón. No mexicano en los temas ni en el lenguaje, que

son españoles castizos. Pero en su obra, numéricamente más moderada, hay un alma mexicana: hay cortesía, medida, semitonos, gracia en sordina, más fina y aguda que la sonoridad de Lope o el monólogo conceptista de Calderón.

Bergamín le llama "un intruso" en el teatro español del Siglo de Oro. Es que no es español sino mexicano hasta la médula. Y sin embargo es el único de los autores americanos que España reclama para sí, para que la gloria de la Edad de Oro no quedara manca.

Menos improvisador que Lope, su teatro contiene algunos de los versos más perfectos de la dramaturgia castellana de todos los siglos.

Alarcón está enterrado en Madrid, en la parroquia de San Sebastián, junto a Lope, Cervantes y Espronceda.

Obras: A los 21 años, compuso unas diez comedias, entre las que es famosa ya *La cueva de Salamanca.* De vuelta a España, en 1613, escribe algunas de sus comedias más célebres, como *La verdad sospechosa,* que inspiró *Le Menteur* a Corneille su contemporáneo y *Las paredes oyen.* Molière, quien conoció a Alarcón a través de Corneille, declaró que en él había aprendido la técnica de la comedia de caracteres. Entre 1619 y 1622, dió *Los pechos privilegiados, El tejedor de Segovia* (en colaboración con Tirso de Molina), y algunas otras. Entre 1623 y el 25 declina su producción, pero de esa época son *El examen de maridos* y *No hay mal que por bien no venga.*

En 1628 se publica la *Parte Primera de las comedias de don Juan Ruiz de Alarcón y Mendoza, Relator del Real Consejo de Indias por Su Majestad,* que contiene ocho comedias de la primera época. En 1634 sale a luz la *Parte Segunda,* con doce comedias. Luego aparece, en colecciones diversas, el resto de su breve obra excelente.

Carlo Goldoni (1770-1793) creador de la comedia realista que reemplaza en Italia a la "Commedia dell'Arte", sigue también a *La verdad sospechosa* en *Il Burfero benefico.* Corneille encontró en *La Verdad sospechosa* "asunto tan ingenioso y tan bien compuesto, que he dicho muchas veces que hubiera dado por que fuese mía dos de las mejores que he escrito". Y Voltaire, en el prólogo a *Le Menteur* parte "traducida y parte imitada del español", como declara el autor, dice: "Preciso es confesar que debemos a España la primera tragedia interesante y primera comedia de carácter que ilustraron a Francia" (*Le Cid* y *Le Menteur*).

En *Las paredes oyen,* la tesis es el triunfo de las virtudes de un galán sobre su parecer físico, el nombre del personaje es Mendoza, como el apellido materno de Alarcón, porque "en el hombre no has de ver / la hermosura o gentileza / su hermosura es la nobleza / su gentileza, el saber".

El propio Lope de Vega se vió obligado, en *El laurel de Apolo* a elogiar a su rival:

> En Méjico la fama
> que como el sol descubre cuanto mira,
> a don Juan de Alarcón halló, que aspira
> con dulce ingenio a la divina rama,
> la máxima cumplida
> de lo que puede a la virtud unida.

Menéndez y Pelayo mantiene que Alarcón es superior a su discípulo francés Molière.

Nadie, en el teatro español, ha compuesto versos tan ceñidos, epigramáticos, como las estrofas del mexicano.

> Que no consiste en nacer
> señor la gloria mayor;
> que es dicha nacer señor
> y es valor saberlo ser.
>
> (*Los empeños de un engaño*)

O véase este diálogo preciso e intencionado:

> —¿Qué es esto, don Juan?
> —Amor.
> —Locuras dirás, mujer.
> —¿Cuándo amor no fue locura?

Y la novedosidad del lenguaje o de las figuras del gongorismo fluye con gracia e ingenio en los versos clásicos de Alarcón; por ejemplo:

                    El puñal teñir intenta
                    del campo las esmeraldas
                    con la grana de sus venas . . .

                    Pero ya el planeta intonso
                    por crepúsculos de nácar
                    presta al alba rayos de oro . . .
La Luna da
                    a los aires oro en rayos
                    y a los campos plata en perlas.

Y luego, con elegante ironía reconcentrada:
                    siendo pobre, hasta la luna
                    ha de andar por los rincones . . .

De los rincones, en donde lo quisieron meter Lope y sus corifeos ha subido Alarcón a la cúspide del teatro de la Edad de Oro, maestro de la comedia europea de caracteres y gloria mayor del teatro americano de todos los siglos.

Los temas de Alarcón son, como en todo el teatro español, el honor y el amor. Pero el amor no como un hecho, sino como problema (¿es posible el amor dada la volubilidad de la mujer?) Y el honor en cuya razón y mantenimiento se subraya no sólo la igualdad sino el merecimiento y la conducta honrada.

Alarcón crea personajes como el tipo psicológico "moderno" de Don García (*La Verdad sospechosa*), digno de Bernard Shaw, como dice Henríquez-Ureña. La acción, el drama, la vida, es menos violenta y más sutil en sus comedias, como era más refinada y mesurada la vida del Virreinato que en la corte madrileña. Poeta y realista (poema *El tejedor de Segovia*, teología, *El Anticristo*), la ruta señalada por Alarcón a la comedia de caracteres la siguen no sólo Moreto en España y Corneille y Molière en Francia, sino otro buen autor mexicano, Manuel Eduardo de Gorostiza (1789-1851), autor de las celebradas comedias *Contigo, pan y cebolla* y *Don Dieguito*.

Prosistas Barrocos de los Siglos XVII y XVIII

Juan de Espinosa Medrano ("El Lunarejo", 1640?-1688). Poeta, autor teatral y ensayista, gran defensor de Góngora, el mestizo Lunarejo continúa y mantiene la tradición barroca americana. Cuando nació, había ya muerto Góngora; pero los peruanos —barrocos desde el ancestro quechua— hacían florecer el barroco en sus catedrales (se construía San Francisco, en Lima, y un hijo de Murillo decoraba la Catedral del Cuzco, en 1654).

El libro fundamental del Lunarejo es el *Apologético* en favor de don Luis de Góngora y Argote, "cisne cordobés", y *Homero hispano,* contra una crítica de Manuel Faría en su contra.

A los catorce años Juan de Espinosa y Medrano tañía y componía autos y comedias. En todo caso, antes de los 20 escribió *El robo de Proserpina.* Alumno de la Universidad del Cuzco, enseñó toda su vida Arte y Filosofía, a pesar de sus empeños pastorales como párroco. Menéndez y Pelayo llama al *Apologético,* escrito cuando Espinosa tenía sólo 22 años, "uno de los frutos más sabrosos de la primitiva literatura criolla". A su muerte, se publica *La Novena Maravilla,* colección de sus sermones y algunos apuntes autobiográficos de pulida y elegante prosa.

El Lunarejo es uno de los primeros autores americanos que cita a Cervantes (*Persiles y Segismunda*); luego cita también a Pedro de Oña, "doctor chileno y artificiosísimo poeta indiano" y se muestra buen lector de clásicos griegos y latinos, castellanos, italianos y portugueses. Contra el mismo censor de Góngora, escribe defendiendo también al grande Camoens. En su defensa de Góngora, dice: "No inventó Góngora las trasposiciones castellanas; inventó el buen parecer y la hermosura dellas, inventó la senda de conseguillas . . . Góngora levantó a toda superioridad la elocuencia castellana; y sacándola de los rincones de su hispanismo, hízola de corta, sublime; de balbuceante, fecunda; de estéril, opulenta; de encogida, audaz; de bárbara, culta . . . Vituperar las musas de Góngora —concluye— no es comentar *Las Lusíadas* de Camoens; morder para pulir, beneficio es de lima; morder para roer, hazaña será de perro . . . De don Luis de Góngora nadie dijo mal, sino quien le envidia o no lo entiende; si esto último es culpa, pendencia tienen que reñir con el sol muchos ciegos . . ."

Gran crítico y estilista, brillante en figuras como la muy citada del sermón sobre Santo Tomás de Aquino: "Ve más Tomás durmiendo que todos los sabios velando . . ." Y a su muerte: "Cómo te despeñaste, relámpago, anochecidos tus rayos, difuntas tus luces . . ". Dejó al teatro, además de su juvenil obra, *El robo de Proserpina,* una *Peregrina Declamación,* estrenada en Madrid y Nápoles, según doña Lucinda Matto de Thurner, su biógrafo peruano; y una escenificación de *La Celestina.* También: autos en quechua y un *Tratado de filosofía,* en latín: *Disputationes de actibus humanis,* de apuntes para sus cursos universitarios.

Los precursores de la novela hispanoamericana

Carlos de Sigüenza y Góngora (México, 1645-1700). (*Cfr.* Irving Leonard, D. *Carlos de Sigüenza y Góngora, a Mexican savant of the 17th century,* Universidad de California, Berkeley, 1929).

Sacerdote, como El Lunarejo y el propio Góngora, cosmógrafo del Rey, profesor de matemáticas en la Real y Pontificia Universidad de México, Sigüenza y Góngora pronunció la oración fúnebre en los funerales de Sor Juana Inés de la Cruz: *Elogio fúnebre de la poetisa Sor Juana Inés de la Cruz.* La "Monja de México" había llamado a su amigo don Carlos "dulce canoro cisne". El sabio polígrafo mexicano no era despreciable poeta, como han sostenido algunos críticos. *Primavera Indiana,* poema sacro-histórico de María Santísima de Guadalupe, es un poema de 79 octavas reales, algunas hermosas, en que cuenta la aparición de la Virgen patrona de México y de América al indio Juan Diego, en la época del obispo Zumárraga; y publicado con ocasión de la construcción de la basílica guadalupana del Tepeyac.

Tiene otro canto, dedicado a San Francisco Xavier, apóstol de la India, *Oriental Planeta.* Su *Triunfo parténico* (1682-83), compilación de obra literaria, propia y ajena, indica un campo de preocupaciones del ilustre sabio mexicano. Tiene obras de astronomía, como *Manifiesto filosófico contra los cometas,* y la réplica a un impugnador jesuíta, en *Libra astronómica* (1691); obras históricas, como *Glorias de Querétaro; Relación histórica de los sucesos de la armada de Barlovento,* etc. Pero en donde luce mejor su estilo es en la prosa de sus relatos, que lo señalan como uno de los precursores de la narración novelesca en América, junto al escritor colombiano Rodríguez Fresle y a dos escritores chilenos que estudiaremos más adelante, Barrenechea y Albis, y Pineda y Bascuñan. El breve libro titulado *Infortunios que Alonso Ramírez, natural de Puerto Rico, padeció allí en poder de ingleses piratas que lo apresaron en las Islas Filipinas, navegando por sí solo y sin derrota, hasta parar en la costa de Yucatán* (1690) es una "novedad deliciosa" o delicioso ensayo de novela de aventuras. En 1692, otros breve relato magistral, *Un motín en México,* que parece anunciar las *Tradiciones* de Palma, y *El Mercurio Volante* (1691) son los primeros ensayos de narración novelesca, escritos en magnífica prosa, del México colonial.

Sigüenza defiende la cultura hispanoamericana cuando en su polémica astronómica dice al jesuíta europeo su contradictor: "Piensan en algunas partes de la Europa, y especialmente en las septentrionales, por más remotas, que no sólo los Indios habitadores, originarios de estos países, sino que los de padres españoles casualmente nacidos en ellos, o andamos en dos pies por divina providencia, o que, aun valiéndose de microscopios ingleses, apenas se descubre en nosotros lo racional" . . . Sigüenza y Góngora, con Sor Juana y Alarcón habrían sido más que suficientes valores para descubrir la cultura hispánica de América.

Dos relatos novelescos de Chile. A fines del siglo XVII (1693) aparece en Chile el primer ensayo de "novela" escrito en las colonias. Porque los anteriores relatos como en las *Historias* de Garcilaso que tienen pespuntes novelescos, o los *Infortunios* de Sigüenza y *El Carnero* de Fresle, pretenden ser relatos históricos o biográficos, mientras que la obrita, todavía inédita, del mercedario chileno Fray Juan de Barrenechea y Albis, *Restauración de la Imperial y conversión de almas in-*

fieles es ya una novela, la primera de América, más de un siglo anterior al *Periquillo Sarniento* de Lizardi.

El manuscrito de Barrenechea se conserva en la Biblioteca Nacional de Chile y tentaciones dan de publicarlo, siquiera sea como monumento a la primera novela americana. Y novela, por lo demás, indianista. Trata de los amores de la india araucana Rocamila con el cacique Carilabo. La guerra con los españoles retarda el matrimonio de los jóvenes araucanos y en la trama de la novela se destaca la acción de los misioneros por convertir a los mapuches a la fe cristiana. El libro no es "histórico", su interés se concentra en la acción romancesca. Hay, naturalmente, noticias de costumbres indígenas y crónica de los trabajos misionales.

Francisco Núñez de Pineda y Bascuñán (Chillan, Chile, 1607-1682). (*Cfr.* Carlos D. Hamilton: "Dos capitanes cautivos americanos del siglo XVII: John Smith, de Virginia, y Pineda y Bascuñán, de Arauco", *Revista del Instituto Panamericano de Geografía e Historia,* México, 1959).

En el barroco tapiz maravilloso de las Indias del siglo XVII uno de los temas curiosos, para una historia —o literatura, o psicología comparada— de la frontera euroindia americana, es el cotejo de las narraciones de dos capitanes, cautivos de los indios, y ambos consolados por el amor de una muchacha india. Un inglés y un criollo chileno: el capitán John Smith, alma de la primera colonia inglesa, en Virginia y el capitán criollo Francisco Núñez de Pineda y Bascuñán, en Arauco, sur de Chile.

El aventurero inglés publicó *The general History of Virginia.* El chileno escribe *Cautiverio feliz y razón de las guerras dilatadas de Chile* (1763), publicado por Toribio Medina, en 1863, en su *Colección de Historiadores de Chile,* Vol. VII. En 1948 el poeta chileno Angel Custodio González lo reedita en una edición manual (Zig-Zag, Santiago) con una buena introducción.

El capitán Núñez de Pineda y Bascuñán nació en Chillán, hijo del famoso Maestre de Campo general Alvaro Núñez de Pineda y de una noble dama española, Jofré de Loaiza, hija de conquistadores. Francisco Núñez de Pineda y Bascuñán no es un aventurero común. Los indios respetaban a la vez que temían al valeroso y justiciero Maestre de Campo, a quien llamaban "Maltincampo". Al caer el hijo herido y prisionero en la batalla de Las Cangrejeras, el toqui por respeto a su padre le conserva la vida y le entrega como cautivo, y rehén, al cacique Maulicán. Cuando los caciques le ofrecen a sus hijas y nietas, el capitán católico responde: "No podemos los cristianos cometer semejante delito. —¿Pues cómo, otros españoles no reparan en esas cosas?, replica el araucano. —Esos serían, le respondo, hombres sin obligaciones que no temían a Dios ni se avergonzaban de las gentes . . . —Decís muy bien, capitán, replica el mapuche . . . Y ahora os estimo y quiero más porque sois atento y mirado en vuestras acciones".

El cautivo poeta hace de misionero en sus ratos de ocio y enseña las oraciones y la doctrina cristiana a los hijos de los caciques, en sus siete meses de cautiverio. Les enseña el Padre Nuestro en su lengua mapuche. Y el capitán alaba las costumbres de sus captores: "porque viven en sus tierras, debajo de libertad, con más justa ley y natural razón que los que la profesamos". Extraordinaria actitud la de estos españoles, como Pineda y Ercilla, ni son Montesinos y Las Casas los únicos. Y extraordinarios estos "Bárbaros" de Arauco que imponen respeto por la honorabilidad de su palabra y la rectitud de sus hábitos. Nada de eso encontramos en las crónicas de John Smith en el Norte. El libro escrito por Pineda y Bascuñán después de su libertad y que permaneció inédito hasta su publicación por Medina en 1863, se llama *Cautiverio feliz y razón de las guerras dilatadas de Chile*. El propósito del autor no era tan sólo narrar sus peripecias a manos de los indios, sino explicar la razón de la prolongación de las guerras. Los araucanos fueron los únicos indios que resistieron trescientos años al conquistador español; nunca fueron "a extranjero dominio sometidos" y sólo se integraron a la República de Chile cincuenta y cinco años después de la Independencia (1862).

Las costumbres de los araucanos, sus creencias, sus fiestas, comidas, tácticas guerreras están bien descritas por este puntual historiador; Pineda estudia además sinceramente las causas del fracaso del proyecto de "guerra defensiva" propuesto por el jesuíta chileno P. Luis de Valdivia. Y algunos historiadores modernos harían bien en releer al poeta historiador para explicárselas justamente. Las más de las veces la mala conducta del embajador de los españoles despertaba la desconfianza y resultaba en guerra con los araucanos. Más o menos como en los casos de "break of the peace" entre norteamericanos y apaches en el Oeste de Norteamérica.

Núñez de Pineda estudió lenguas clásicas, filosofía y Sagradas Escrituras en el Colegio de los jesuítas de su ciudad natal. Conocía la literatura española de su tiempo y adhiere a las novedades gongorinas del barroco. Tiene miradas inspiradas para la naturaleza y una ideología justiciera inspirada en los grandes teólogos-juristas del Siglo de Oro español.

Algunas perífrasis, trasposiciones e imágenes —a veces morosamente repetidas— como aquella de "al romper el silencio oscuro del alba", o "al abrochar la noche sus cortinas", sitúan a Pineda entre los culteranos americanos, a la zaga de Sor Juana y del Lunarejo. Y algunos trozos de poesía intercalados entre su prosa, siempre sincera y humana, con rasgos de honda emoción, le colocan a corta distancia de los poetas del *Siglo de Oro*. Vaya una muestra:

SONETO

¿Soy el dichoso yo, soy por ventura
quien debajo del pie tener solía
lo más sublime que corona el día
teniendo en poco la mayor altura?

¿Soy a quien jamás vió la desventura
por ver que con el cielo competía
mi loco pensamiento y que a porfía
encumbrarse soñaba sin mesura?

Yo soy; mas yo no soy, que el tiempo mueve
lo que firme parece al pensamiento,
pues vemos que al más alto se le atreve.

Ninguno en su vital estribe aliento,
ni piense que la gloria se le debe
hasta que tenga el fin feliz asiento.

El *Cautiverio feliz,* largamente olvidado por los historiadores
de la cultura hispanoamericana, es un libro no solamente importante como documento auténtico, sino un magnífico libro de
aventuras. Escrito con sinceridad y noble elegancia, si a veces
demasiado prolijo para el gusto moderno, siempre ungido de
emoción humana y de sentido de justicia. Esta admirable capacidad de asombro y de valoración de las razas indígenas —que
hasta escandalizó en Ercilla y en Las Casas, está en el ingenuo
tono auténtico y poético del capitán chileno. Como en los romances españoles fronterizos, y a diferencia de la escueta narración del capitán inglés de Virginia, flota sobre el relato de
Núñez de Pineda la bondadosa diafanidad de un espíritu ca-
balleresco, el que, según el autor, pudo haber ahorrado siglos
de guerras en la conquista española del extremo austral del
continente. Del estilo poético del libro, escribe Menéndez y
Pelayo: "La vuelta del cautivo a los brazos de su padre tiene
más poesía que casi todos los poemas imitados de Ercilla".

Alonso de Ovalle, S. J. (1601-1651). Dos jesuítas y un
capitán, su ex-alumno, inauguran la gran crónica histórica de
Chile, el género más cultivado en el país, rico de historia original, hasta el siglo XX. "Una de las figuras más amables de
la época colonial", como escribió Eduardo Solar Correa (*Escritores de Chile,* I), el Padre Ovalle era hijo de un capitán español y descendiente por el lado materno del célebre piloto
Juan Bautista Pastene, compañero de Valdivia. A los 17 años,
renunció a su mayorazgo y entró a la Compañía de Jesús. Estudió en Córdoba, Argentina y profesó en Santiago de Chile.
Profesor de filosofía y rector del Convictorio de San Francisco
Xavier, en Santiago, es uno de los primeros grandes educadores
de Chile. Desempeñó cargos importantes de la Orden en España e Italia y de vuelta a su patria murió en el convento de
Lima. En Roma, donde actuaba como Procurador de los jesuítas
de Chile, publicó el historiador criollo su célebre *Histórica Re-*

lación del Reino de Chile; publicó el libro a la vez en español e italiano y la versión castellana fue incorporada por Medina a la *Colección de Historiadores de Chile,* en 1888, en tres volúmenes. La *Histórica Relación del Reino de Chile y de las misiones y ministerios que ejercita en él la Compañía de Jesús,* ha sido juzgada, con razón, por el venerable historiador actual Francisco A. Encina, como "la más alta cumbre literaria alcanzada por el ingenio criollo". (*H. de Chile,* t. IV, p. 384)

El libro, concebido como memorial presentado a sus superiores y una información al público de Europa sobre la remota colonia y la actividad de las misiones jesuíticas, grande obra cultural y pacificadora, está escrito en un estilo tan vívido y ameno, elegante y poético, que la Real Academia Española de la Lengua, en 1726, agregó el nombre del padre Ovalle a la lista de autoridades de la lengua, único americano a quien cupo tal reconocimiento.

La obra, además de sus ediciones castellana e italiana, fue traducida al alemán y al inglés en 1704. Nadie ha escrito durante la colonia con más amor y belleza sobre la naturaleza de Chile y nadie mejor que Ovalle ha observado y pintado las costumbres de la capital del reino, Santiago del Nuevo Extremo. Valgan unas muestras:

"Trasmontando la Cordillera

"Vamos por aquellos montes pisando nubes, y los que tal vez andando por la tierra la vemos sin que se atraviese cosa que nos impida la vista y levantando los ojos al cielo, no lo vemos por impedirlo las nubes de que está cubierto; al contrario, hallándonos en esta altura se nos cubre la tierra, sin que podamos divisarla, y se nos muestra el cielo despejado y hermoso, el sol claro y resplandeciente, sin estorbo ninguno que nos impida la vista de su luz y belleza.

"Aledaños de Santiago

"Demás de los ríos y fuentes de la cordillera brotan otras en los llanos y en otras quebradas y lugares de Chile, de regaladas aguas y admirables propiedades . . .

"Los árboles, aunque silvestres, llevan frutas de la tierra muy sabrosas. Críanse en ellos muchos y varios pájaros, que con su dulce música y armonía, hacen mayor y más apacible el entretenimiento de los que van allí a holgarse . . .

"Descúbrense por una partes grandes manchas de flores amarillas, que cubren la tierra, de manera que en grande espacio no se ve otra cosa; en otras, blancas y azules y moradas; allí se ven los prados verdes, y cruzar entre ellos los arroyos y acequias del río Mapocho, el cual todo se da a una vista . . . Vense finalmente, muchos lugares edificados y en medio de todos, la ciudad de Santiago, que es la cabeza del reino, y con estar distante de allí dos leguas, sin embargo, por ser el aire tan puro, en los días claros se ven muy distintamente sus torres, y tal vez se oyen también las campanas . . .". (Lib. I, cap. XII)

CAPITULO IV

LITERATURA DEL SIGLO XVIII

Introducción

En Europa, el siglo XVIII tiene un signo característico, en lo literario como en lo filosófico. Pero no basta trasladar a América los fenómenos culturales europeos, porque se dan, en nuestra América en tiempos y formas distintas del original del Viejo Mundo. Algunos antólogos e historiadores de la literatura española cometen el error de tratar como una misma época continuada los siglos XVIII y XIX y en cambio se ven obligados a marcar dos períodos tajantemente distintos, o mejor, contradictorios entre el siglo XVII y el XVIII. A la muerte de Calderón y de Quevedo, Velázquez y Murillo, comienza, entre 1670 y 1672, una época de aparente decadencia en la literatura de España. Esta "decadencia" hay que estudiarla mejor, porque en esa forma simplista se comete una grave injusticia histórica.

En primer lugar, cuando el barroco comienza a degenerar y a decaer en la Península Ibérica, el genio hispánico sigue creando pujantemente en las colonias de ultramar. En vez de decadencia, hay simple traslado del escenario de las creaciones hispánicas. Cuando el hijo de Murillo pinta en México, en toda la América hispánica se están levantando monumentos del más espléndido barroco. Y en la literatura hay perfecta continuidad entre los siglos XVII y XVIII en América: el Barroco continúa, mezclándose hacia fines del siglo XVIII a los nuevos ideales que Francia esparce por el mundo como un eco de su racionalismo clásico del XVII. La reacción neoclásica antibarroca de

España en el siglo XVIII se nutre del siglo diecisiete francés, que es más racionalista y clásico que barroco. Pero en América, el barroco es demasiado fuerte y vital, para que una moda lo destrone; y las nuevas tendencias, afrancesadas, se enlazan a las coloniales, en vez de destruirlas.

En Europa, el siglo XVIII, el siglo de las filosofías de Berkeley y Leibnitz, de Gian Battista Vico, racionalizador de la Historia y de Montesquieu, precursor de la sociología y corifeo del naturalismo racionalista; de Condillac y de la crítica escéptica de Hume; del sensualismo de Adam Smith y del naturalismo materialista de la Enciclopedia, Holbach y Lametrie; siglo de Voltaire y de Rousseau; siglo racionalista y a la vez pre-romántico. Hasta la crítica final de la razón de Emmanuel Kant, quien prepara el Positivismo del siglo XIX, sin quererlo. Un siglo racionalista, de curiosidad y de crítica. En lo literario, el siglo XVIII europeo, que contempla la naturaleza en su propio reino y en el de las sociedades humanas, con Buffon y Rousseau, marca, en Francia, una transición del racionalismo al romanticismo del siglo siguiente; mientras en Alemania, el clasicismo da sus mejores frutos, con Goethe y Schiller y los líricos inician la revolución romántica con Herder. Tanto en Inglaterra como en Alemania, comienza la rebelión contra el clasicismo francés; Defoe muestra el anuncio por el gusto russoniano de la vida salvaje libre; pero la literatura inglesa del siglo XVIII conserva, en general, el neoclasicismo triunfante en Francia en el siglo anterior, con Pope.

El siglo XVIII, más que creador de grandes obras literarias, es una época de transición, de reflexión y de crítica. Nace el *Ensayo,* primero en Inglaterra; luego en Francia y tiene en España un egregio representante en el Padre Benito Jerónimo de Feijóo, benedictino gallego autor de la magna y original obra, modernísima *Teatro crítico.* La crítica se convierte en Europa en abundante polémica, Iriarte y Samaniego polemizan; y el Padre Isla, jesuíta, autor de la novela satírica *Fray Gerundio de Campazas,* el Quijote de los malos predicadores, tiene que publicar para defenderse.

Es el siglo de las Academias: la Francesa y la Española; de los Diccionarios y las Enciclopedias; de la Retórica y el Ensayo; de la Fábula moralizadora y de la poesía oratoria y patriótica a lo Quintana. Ignacio Luzán tiene en su *Arte Poética* la réplica española de *L'Art poétique* de Boileau y don Gaspar Melchor de Jovellanos, enciclopédico y superior a todos los talentos españoles de la época, en la narración y el ensayo político, sale, como Bello en América, del estrecho marco del clasicismo para anunciar el sentimiento que arrobará a los románticos.

Reina en España la dinastía francesa de los Borbones y el "afrancesamiento" de letras y costumbres es un fenómeno con que hay que contar en la historia cultural hispánica del período. La reacción tradicionalista prepara la recepción del romanticismo literario e historicista.

En América: Mientras el barroco va cediendo a la moda francesa de *La Ilustración,* en la Península, ha mantenido su vigor en América durante la primera mitad del siglo. Al mismo tiempo, y a despecho de las leyes de censura y prohibición de libros, el reciente estudio de las bibliotecas, públicas y privadas, de los americanos de México, Lima y Santiago de Chile, demuestra que se leían abundantemente las obras francesas de la Enciclopedia. La erudición histórica, que tuvo en España figuras ilustres, como el jurista canónigo Martínez Marina (1754-1833) autor del magnífico *Ensayo histórico-crítico de las Siete Partidas* y otros estudios sobre historia jurídica y lingüística, produjo en América el primer ensayo de Historia literaria americana, el del Padre Agustín Castro.

Las leyes de los reinos de las Indias son recopiladas en una *Recopilación* general, por Juan de Solórzano y Pereira a fines del siglo XVII (1680) bajo el reinado de Carlos II y la mejor historia de las instituciones indianas, del mismo autor, la *Política Indiana* fue publicada en 1647. La segunda mitad del siglo XVII, pobre en creaciones jurídicas en la Península, es la era de oro de la jurisprudencia de Indias. Y cuando el internacionalista holandés Hugo Van Groot, (Grotius) sistematiza por primera vez el Derecho Internacional, reconoce honradamente en su tratado *De iure belli ac pacis* como fundadores de la doctrina que él recoge, *Magni illi hispani,* Vitoria (siglo XVI) y Suárez, (siglo XVII) profesores de Salamanca.

En el siglo XVIII escriben célebres tratadistas del Derecho Indiano, como Rodríguez San Pedro, Vives y Cebriá. La corriente "liberal" de importación racionalista francesa, que influye en Martínez Marina, se advierte también en Alcalá Galiano (1789-1865), mientras Toribio Núñez (1808-1953) difunde las teorías utilitaristas de Benhtam; Francisco Fabrá Soldevilla sigue a los jusracionalistas franceses contra la tradición nacional del jusnaturalismo católico de Suárez y Santo Tomás de Aquino. Las doctrinas del jesuíta granadino Francisco Suárez (del siglo anterior) se enseñan en las Universidades americanas y serán una de las semillas jurídicas doctrinarias de la Independencia, a principios del siglo XIX. (*Cfr.* Alfonso García Gallo, *Curso de Historia del derecho español,* Madrid, 1948; Carlos D. Hamilton, *Manual de historia del derecho,* Santiago de Chile, 1948)

El siglo XVIII americano es de un enorme interés y no está suficientemente estudiado. Hace falta, todavía, para América un libro como el de Lloréns para España, *Liberales y románticos.* Los viajeros europeos, comenzando por La Condamine, Darwin, Von Humboldt, Juan y Ulloa describen desde diversos aspectos la realidad americana, y despiertan el interés científico de los criollos.

La expulsión de los jesuítas de todas las colonias de España, por orden del conde de Aranda, ministro de Carlos III, en 1767, "por la seguridad de mis reinos" es un hecho importante en la historia política y cultural del Nuevo Mundo. Tiene también repercusión directa en nuestra historia literaria. Como dice el historiador chileno Encina, la expulsión fue el hecho que produjo mayor estupor y paralización en la colonia del siglo XVIII y contribuyó a precipitar la fecha de la Independencia.

Cuando el enciclopedista afrancesado Aranda, aliado de Francia contra Inglaterra, ayudó a la independencia de los Estados Unidos, dió otro paso decisivo hacia la pérdida de las propias colonias de España. La decadencia cultural de fines del siglo XVIII en América se debe atribuir en gran parte a la separación de la enseñanza colonial de los jesuítas, sus mejores maestros. El despotismo ilustrado de corte francés, llevó a España a perder todo el resto de su poderío colonial y de su posición internacional.

La Ilustración penetra, pues, en América hispánica, al mismo tiempo que en España, con la diferencia de que en América no se pierden aún los últimos resplandores del brillante barroco hispánico.

Los escritores

Pedro de Peralta Barnuevo (Lima, 1663-1743). Uno de los hombres eminentes, en los que se produce una síntesis americana paradojal de Barroco e Ilustración, es este sabio catedrático de Matemáticas, rector de la Universidad de San Marcos de Lima, cosmógrafo del rey en el virreinato, elogiado por Feijóo, y Feuillée, llamado "el Pico della Mirandola peruano": teólogo y jurista, retórico y astrónomo, historiador y matemático, ensayista y poeta, dramaturgo y traductor del latín, griego, francés, italiano, portugués y quechua.

"Echando los ojos por los hombres eruditos que ha tenido España de dos siglos a esta parte —escribe el padre Feijóo— no encuentro alguno de igual universalidad a la de don Pedro Peralta. Sujeto de quien no se puede hablar sin admiración, porque apenas (ni aun apenas) se hallará en toda Europa hombre alguno de superior talento y erudición." (*Teatro crítico*, 1795. Discurso sexto).

Peralta compone, a los 13 años, en griego su *Apolo fúnebre* ante la tragedia del terremoto de Lima de 1687. Al traducir, a los 40, a Corneille adaptándolo a la escena limeña, favorece la influencia neoclásica francesa en pleno virreinato barroco; colabora con las academias virreinales y, en 1730, publica su *Historia de España vindicada* y dos años después el largo poema épico *Lima fundada,* en octavas sonoras; luego sus diez hermosas oraciones del poema *Pasión y triunfo de Cristo.*

El sabio matemático e ingeniero mayor del reino, doctor en ambos derechos y el mayor milagro de la Lima del 700, nos parece aun más digno de elogio, en una historia literaria, desde la publicación por el prof. Irving Leonard, de sus obras teatrales. Al lado de dos comedias barrocas, según la escuela de Calderón *Triunfos de amor y poder* (1711?) y *Afectos vencen finezas* (1720), en que su arte es una síntesis de culteranismo y conceptismo muy siglo XVII español, compone una tragedia clásica *Rodogunda* imitada de la tragedia de Corneille sobre el mismo tema.

Menéndez y Pelayo nombra la evidente influencia francesa sobre las obras dramáticas de Peralta; y Leonard señala, además, una influencia del teatro italiano, especialmente en la forma de ópera u opereta de algunas obras suyas. Las tres comedias publicadas por Leonard (Imp. de la Universidad de Chile, 1937) contienen una Loa, un Baile y un Fin de Fiesta para cada una de las tres Comedias y un Entremés para la *Rodogunda.*

Peralta demuestra talento de versificador, disparejo y cansado en sus obras largas, pero salado de gracia y vena cómica en sus loas. Y hasta en su ensayo político, *Imágen política del gobierno de Ladrón de Guevara* hace crítica literaria y cuenta los estrenos de sus comedias. Es sintomático que en la narración del "regio aparato" con que se estrenó su comedia *Thriumphos de amor y poder,* llama a la fiesta *Fiesta de la Razón* y él mismo nos dice del éxito de su comedia "por la variedad de metros y ayres proporcionados, al estilo de la música moderna (italiana)" . . . que luce su autor. Concluye el investigador norteamericano: "En ningún escrito ha puesto Peralta tan en relieve sus dotes de versificador verdaderamente excepcionales como en estas comedias. En ellas vemos comprobados no solamente su dominio de todas las formas métricas que han cultivado los ingenios más grandes de la poesía castellana, sino también su inventiva y osadía como experimentador. En vista de la riqueza y variedad de la métrica de estas piezas dramáticas nos pareció bien dar (en su edición citada) unas tablas de versificación para que el interesado se diera cuenta cabal de la versatilidad extraordinaria del plectro del autor." (*op. cit.* p. 23).

Sirvan de ejemplo estos versos, tomados del *Baile para Triunfos de amor y poder,* en donde los nombres clásicos de los personajes de la comedia contrastan con el sabor barroco de estas estrofas:

> *Amante* canta:
> Cupidillo, barquero, hola!
> Ah, de la barca de nácar!
> Ah, de la concha de Venus
> donde, para herir las ondas,
> sirven las flechas de remos!
> Hola, barquero!
> llega a la orilla;
> acércate al puerto
> y, pasajero en la hermosa venera,
> por golfos de amores, conduce mi pecho! . . .

O esta visión de una "Viuda" alegre:

> *Viuda* canta:
> Yo soy, Cupido, una viuda
> que lo bastante me alegro,
> y traigo en pecho y en traje
> sobre lo verde lo negro . . .

En un diálogo entre el *Bachiller* y el *Protomédico,* después de haberse mofado de los médicos que "hacen sangrar la bolsa", "mientras el peso pulsa", ridiculiza la decadencia de las disputas escolásticas, que a él mismo le tocaba presidir en la Universidad, dando testimonio de la introducción en las aulas de la reacción antiescolástica de su siglo:

> *Protomédico:* Distinga.
> *Bachiller:* Distingo: el mal de amor
> no procede de pituita,
> si el tal no es correspondido,
> concedo; pero si lo es,
> nego: que correspondida
> esta pasión se hace flema,
> y subdistingo: si me insta,
> si el amor tiene cum quibus

concedo; pero si es
cum paupertate et tristitia,
nego; que el amor entonces
abunda en mucha pituita . . .

Y en el final cantan al nuevo médico recién doctorado:

Viva el señor doctorado
y muchas tercianas vea,
sarampiones y alfombrillas,
tabardillos y viruelas!
¡Viva, viva, viva y siempre
goce muchas epidemias! . . .

En el Fin de fiesta de *Afectos vencen finezas,* uno de los personajes habla sobre las cualidades que ha de tener el verso y caballeros y damas rivalizan en citar a Lope y a Góngora:

. . . que el verso ha de rodar bonitamente
como una cosa así que no se siente . . .

Y a la vez se burla de la decadencia del gongorismo:

el verso ha de rodar como una bola
y caer con destreza en el precepto
hasta de dar de cabeza en el concepto;
ha de tener follaje, aunque esté hueco,
porque basta dejar sólo el buen eco
de suerte que como él haga ruido
no estribe en la razón sino en el oído.

Y parece una crítica anticipada de la poesía hispanoamericana y española, de los siglos XVIII y XIX, hasta la llegada del Modernismo, con las excepciones de Bécquer y de Heredia.

Los Jesuítas desterrados. La Orden de los Jesuítas, o Compañía de Jesús, fue fundada por un soldado vasco, Iñigo de Loyola, en 1534, en París (Montmatre) y aprobada por el Papa Paulo III en 1540. Orden militante de gran formación intelectual y ascética, de moderna organización y disciplina, se extendió rápidamente por Europa y América. Sus religiosos formaron la avanzada de la Contrareforma, en Trento y la avanzada misional en América, Asia y Africa, desde el siglo XVII hasta ahora. En Indias, fueron los principales educadores, des-

pués de la primitiva acción misional de franciscanos y dominicanos, agustinos y mercedarios. Al Paraguay llegaron en 1607
y esta Provincia paraguaya comprendió en el siglo XVII los
actuales países de Paraguay, Uruguay, Argentina y Chile. En
Paraguay hicieron realidad, durante siglo y medio, la más audaz
"Utopía" del Renacimiento. Organizaron la colonia allí, sin
soldados, enseñaron a los indios a escribir su propia lengua
guaraní, agricultura, artesanía y religión; dividieron las tierras
en lotes, trabajadas colectivamente y el excedente de los pro-
ductos, una vez satisfecha las necesidades de las familias, era
comerciado por la Orden para el progreso de las mismas *Re-
ducciones*. Este trabajo maravilloso, que logró en estas tierras
mediterráneas la mejor integración del indio, en un perfecto
mestizaje igualitario; así como la labor de enseñanza desarro-
llada por toda América, fue violentamente suspendida por la
expulsión de los jesuitas de todos los dominios de Carlos III,
en 1767.

El espíritu anticlerical de la Ilustración hizo blanco predi-
lecto de su campaña a ésta la mejor organizada y activa fuerza
intelectual de la Iglesia. Portugal los expulsó también en 1759,
Francia en 1762 y, finalmente, estos gobiernos consiguieron que
el Papa Clemente XIV la suprimiera en la Iglesia universal.
Hasta que fue restablecida, después de la Revolución francesa,
por Pío VII, en 1814. Sólo permanecieron legalmente existentes
en Prusia protestante y en Rusia cismática, porque Federico II
el Grande y Catalina II la Grande, no permitieron la promul-
gación de la Bula Pontificia de supresión.

En veinticuatro horas, debieron abandonar sus patrias, sus
casas y la labor de dos siglos y partir al destierro con sólo su
breviario. Los jesuitas de Hispanoamérica se refugiaron casi
todos en Italia en donde hay un grupo numeroso y distinguido
de desterrados que publican algunas de las obras más importantes de nuestra literatura del siglo XVIII, unos en castellano,
otros en italiano o en latín y se convirtieron en los mejores
agentes de publicidad de América en Europa.

Estos desterrados americanos, trabajando y muriendo en la

pobreza muchos de ellos, brillaron en Bologna y en las letras europeas, y forman un capítulo aparte de nuestra historia literaria. Son numerosos: Francisco Xavier Alegre, escribe una *Historia de la Compañía de Jesús en Nueva España;* Juan de Velasco, la *Historia del Reino de Quito y crónica de la provincia de la Cía. de Jesús en el mismo reino;* José Chantre y Herrera, la *Historia del reino de Quito;* Miguel de Olivares, *Historia de la Compañía de Jesús en Chile* (todas estas obras publicadas póstumamente). José Sánchez Labrador escribió *El Paraguay ilustrado;* José Solís, *Saggio sulla storia naturale della provincia del Gran Chaco;* Andrés Caso, *Historia de México;* Francisco Xavier Clavijero, *Storia antica del Messico* (4 vols., 1780-81) ; Pablo Vizcardo, peruano, escribió una *Lettre aux espagnols americains,* que es el primer llamado a la Independencia de los países hispanoamericanos y que fue divulgada por el Precursor Francisco de Miranda. Gaspar Suárez, de Tucumán, Manuel Morales, de Cuyo que pertenecía entonces al reino de Chile, y José de San Benito escriben agiografía, este último, *Vida de sor Mariana de Jesús Paredes,* hoy canonizada, "la Azucena de Quito."

Todos éstos y muchos más fueron criollos, teólogos, filósofos, historiadores, naturalistas, artistas. Pero los nombres más destacados son dos chilenos y un guatemalteco: Juan Ignacio Molina, Manuel de Lacunza y Rafael Landívar, entre los mayores ingenios hispanoamericanos del siglo XVIII.

Juan Ignacio Molina, S.J. (abate Molina) Guaraculén, Chile, 1740-Bologna, Italia, 1829). A la fecha de la expulsión el padre Molina ocupaba el cargo de bibliotecario del Colegio San Ignacio de Santiago. Se trasladó a Italia y enseñó en la más antigua universidad de Europa, la de Bologna, en donde a pesar de su aislamiento como de hermitaño, llegó a tener fama mundial y en donde murió, a los 89 años, mientras preparaba su viaje de regreso a su patria ya libre.

Publicó varias obras: *Compendio della storia geografica, naturale e civile del regno del Chile* (Bologna, 1776) ; luego su célebre *Saggio sulla storia naturale del Chile,* obra de sabio naturalista originalísima, que mereció traducciones al alemán, francés e inglés (Middletown, USA., 1808 y Londres, 1809). Esta obra impulsó a muchos sabios europeos a visitar América del Sur, entre ellos al famoso sabio alemán Barón de Humboldt. Como Segunda Parte de su *Historia* publicó, en 1789, su *Historia civil de Chile*, menos original porque seguía las ya publicadas por otros dos jesuítas chilenos, Miguel de Olivares y Gómez de Vidaurre. Muchas otras monografías escribió también el Abate Molina, que tiene su monumento en Talca, ciudad en donde hizo sus estudios: *Las analogías poco observadas entre los tres reinos de la Naturaleza* (1815); y la recopilación de sus Memorias científicas, leídas en la Academia de ciencias de Bologna, y recogidas en 1821: *Memorie di storia naturale lette in Bologna, nelle adunanze dell'Istituto, dall'Abate Gion-Ignazio Molina, americano, membro dell'Istituto Pontificio.*

Manuel Lacunza Díaz (Santiago, Chile, 1731-Imola, Italia, 1801). Nació de padre navarro pobre y de madre de familia acaudalada de Santiago. A los 16 años ingresó a la Compañía, con cuyos padres había estudiado las Humanidades en el Convictorio de San Francisco Xavier, de Santiago. A poco de profesar, fue expulsada la Orden y Lacunza se estableció, solo y viviendo como anacoreta, dedicado a la astronomía y a los estudios bíblicos, cerca de Imola, en Italia. Un día lo encontraron muerto, "per una improvisa caduta nel fiume ove rimase affogato".

El fruto de sus meditaciones es una obra teológica monumental, que fue publicada en Londres, en cuatro volúmenes, en 1816. Reeditada varias veces en varios idiomas, la mejor edición española es la de Ackermann (Londres, 1826). El título de la obra: *La venida del Mesías en gloria y majestad, observaciones de Juan Josephat Ben-Ezra, hebreo cristiano, dirigidas al sacerdote Cristófilo.*

La doctrina que el autor expone es la llamada "Milenarismo" mitigado, que interpretando literalmente las profecías del Apocalipsis de San Juan, especialmente los capítulos XIX y XX, cree en un reinado terrestre de Cristo, por un dilatado tiempo, antes del Juicio Final. Tiempo en que el Redentor reinará con los justos resucitados, sobre la tierra, antes de inaugurar el reino celestial. Triunfo final de la Resurrección, en la Nueva Jerusalén "descendida del cielo". La teoría había sido ya enseñada por Padres de la Iglesia, como Orígenes y San Irineo en los primitivos siglos cristianos. El milenarismo llamado "riguroso", judaizante, está condenado. El "mitigado" que enseña Lacunza no está condenado como doctrina. Pero su obra fue condenada en el Indice de libros prohibidos, por el Santo Oficio, en 1822.

El prelado chileno Mons. Víctor Eyzaguirre publicó casi un siglo después una obra en latín, que es compendio de la de Lacunza. Publicada en Roma esta síntesis se titula *Apocalypseos interpretatio litteralis*.

El estilo de Lacunza es clásico y acusa un raro dominio de la Biblia.

Rafael Landívar, S.J. (Guatemala, 1731-Bologna, Italia, 1793). Rector del Colegio de San Carlos, a su expulsión de Guatemala, continúa en Bologna su labor de enseñanza. Catorce años después de su salida de la patria, compone su poema máximo, *Rusticatio Mexicana,* dividido en 15 cantos y que consta de 5,247 elegantes hexámetros en latín moderno. Si por la lengua pertenece a lo mejor de la poesía neolatina, por el espíritu pertenece de lleno a la literatura hispanoamericana. Precursor de Bello y Heredia, y de todos los poetas que desde el romanticismo adelante han cantado a la naturaleza exuberante y varia del Nuevo Mundo, según Henríquez Ureña, Landívar, "es entre los poetas de las colonias españolas, el primer maestro del paisaje y el primero en romper decididamente las convenciones del Renacimiento y descubre los rasgos característicos de la naturaleza en el Nuevo Mundo, su flora y su fauna, sus campos y sus montañas, sus lagos y sus cascadas".

Además de la naturaleza, canta al hombre sumergido en esa naturaleza virgen de su patria, sus costumbres, la hermosura de sus fiestas, la alegría de sus juegos; cita a sus escritores y a los extranjeros que escribieron sobre América, sin excluir a uno de los autores ingleses de la "leyenda negra", Alexander Robertson. Landívar preludia el preromanticismo de los hombres que piensan en las patrias americanas como seres colectivos independientes de España.

Escribe Luis A. Sánchez: "En el ciclo que empieza con los cronistas del siglo XVI, y muy en especial con Garcilaso y Balbuena, Landívar constituye un riguroso y pulido eslabón con Labardén, Bello y Olmedo y todos cuantos hicieron poesía descriptiva . . . En Landívar, auténtico artista, alma y color se funden, para producir una de las monumentales piedras sillares de nuestro reencuentro social". (*Escritores representativos.* I. p. 168).

Heredia tradujo al castellano la "pelea de gallos" que describe Landívar y su poema ha merecido traducciones: al español, inglés, italiano, alemán y al quiché de los mayas ancestros. Un ejemplo del que ensayaremos una versión castellana.

Salve, cara Parens, dulcis Guatimala, salve,
delicium vitae, fons et origo meae;
Quam juvat, Alma,tuas animo pervolvere dotes,
temperiem, fontes, compita, templa, lares
Jam mihi frondosos videor discernere montes,
ac jugi virides munere veris agros . . .

Salve, cara patria, mi dulce Guatemala, salve!
Oh fuente deleitosa de mi vida y nacimiento;
cómo ayuda al alma, oh Divina, cantar tus grandezas,
tu suave clima, tus fuentes, tus caminos, tus templos y lares;
si me parece adivinar tus emboscados montes
y los campos verdes y jugosos de tu estío . . .

Después de esta breve reseña de los principales escritores jesuítas, clausuramos nuestra literatura colonial del siglo XVIII con dos nombres importantes: el argentino Lavardén y el misterioso Concoloncorvo.

Manuel José de Lavardén (Argentina, 1754?-1810?). Doctor por la entonces famosa Universidad de Chuquisaca (hoy Sucre) adonde iban los hijos de criollos adinerados de las regiones del Río de la Plata, Lavardén, cuya importancia como poeta ha exagerado, patrióticamente Ricardo Rojas, tiene, sin embargo, un título a la recordación en esta fase final de nuestra cultura colonial. Rector del Real Convictorio de San Carlos, fundado por el Virrey Vértiz en Buenos Aires, sucedió al primer rector Dr. Juan Baltazar Maziel, uno de los primeros poetas argentinos. Lavardén, formado en el Alto Perú por el Padre Valdés, el descubridor del *Ollantay*, defendió a Maziel en unas polémicas sobre el soneto; y trató en su enseñanza de conciliar las nuevas doctrinas filosóficas, como las de Condillac y las nuevas voces francesas de La Ilustración con la venerable tradición escolástica de las universidades.

Como escritor, sus obras más importantes son: la *Oda al Paraná*, uno de los primeros poemas descriptivos de la naturaleza argentina y un drama, *Siripo*, fundado en la fecunda leyenda de Lucía Miranda.

Aunque de corte neoclásico, tiene el mérito de ser anterior a los primeros versos románticos de Heredia y Bello en que se despliega el paisaje americano en toda su riqueza y colorido.

En 1789 se estrenó en la Casa de Comedias de Buenos Aires el *Siripo*. La leyenda, que data de 1532, fue primero historiada por Ruiz Díaz de Guzmán en la *Historia o Argentina Manuscrita*, del siglo XVI. El cacique Mangoré, jefe de los indios timbúes, se enamoró de Lucía Miranda, esposa de Sebastián Hurtado, capitán español del fuerte de Sancti Spiritus. En ausencia del capitán, Siripo, hermano de Mangoré, ataca el fuerte a traición y vence a la guarnición. El comandante Nuño de Lara, muere en el combate. Y Siripo se rapta a Lucía y a otros sobrevivientes. Mangoré ha muerto también en el lance; Siripo convertido en cacique, repudia a su esposa india Yara y toma a Lucía Miranda por esposa. El capitán Hurtado, que regresa, se hace tomar prisionero para ver a su mujer, pero sorprendido por Yara, quien le denuncia a Siripo, éste condena a la española a morir quemada mientras el esposo, después de verse forzado a presenciar el suplicio, es muerto a flechazos, atado a un árbol. El tema ha servido para muchas otras versiones, como la tragedia *Mangra, King of the Timbussians or the Faithful couple*, de Thomas Moore (London, 1718); *Lucía*

Miranda del jesuíta Manuel Lassala (Bologna, 1784) y hasta la moderna novela de Martínez Zuviría (Hugo Wast), *Lucía Miranda.*

Lavardén compuso también: *Los araucanos,* sobre la fuente ercillesca y *Triunfo argentino,* que está perdido.

Concoloncorvo (Calixto Carlos Bustamante Inca). Mestizo peruano, forma parte de la pléyade de viajeros que escribieron a fines del siglo XVIII. Pero este viajero es un mestizo americano, viajero y funcionario, observador y gracioso, de independiente juicio y amena pluma, limeño y precursor de la literatura "gauchesca".

Publicó en Gijón, España, en 1773 un breve libro interesante: *El Lazarillo de ciegos caminantes desde Buenos Aires hasta Lima, con sus Itinerarios según la más puntual observación, con algunas noticias útiles a los Nuevos Comerciantes que tratan en Mulas; y otras Históricas. Sacado de las Memorias que hizo don Antonio Carrió de la Vandera en este dilatado Viaje y Comisión que tubo por la Corte para el arreglo de los Correos, Estafetas, Situación y ajuste de Postas, desde Montevideo. Por don Calixto Bustamante Carlos Inca, alias Concoloncorvo, Natural del Cuzco que acompañó al referido Comisionado en dicho Viaje y escribió sus Extractos.* Tal es el largo título, caricatura de otros muy serios de la época.

El Lazarillo se lee hoy día con agrado. Dice de él el eminente crítico peruano Ventura García Calderón: "*El Lazarillo* no es una novela picaresca, sino el itinerario de un viaje de Buenos Aires a Lima . . . Mezclando al relato descriptivo "algunas jocosidades para entretenimiento de los caminantes", nos dejó el libro más pintorescamente informado, la más suscinta y nítida imágen de la América en ciernes, con su eglógica vida, sus rudas fiestas, su devoción pagana y la gracia adorable de sus mujeres". (La literatura peruana, *Révue Hispanique,* 1914, t. XXXI).

Asiste el autor a la transición de la tradicional formación cultural católica de la edad de oro a las nuevas ideas del racionalismo clásico y tiene un tono zumbón cuando observa la imitación de las novedades francesas por los descendientes de Tupac Amaru.

Fin de la Colonia. Este panorama de la literatura colonial hispanoamericana no estaría completo, ni se comprendería la transición a la nueva forma de cultura que nace con la Independencia, en los comienzos del siglo XIX, si no se menciona, al menos, a aquellos escritores ensayistas, de temas científicos y polémicos, que expresaron las modernas ideas dentro de la tradición cultural hispánica.

El siglo XVIII, en las colonias inglesas del Norte, apenas si presentan alguna poesía, de tipo teológico, como *The Day of Doom* de Michael Wigglesworth (1631-1705) en versos compactos, que un escritor norteamericano llama "compact almost to crabdness" (Crawford); la teología mística de Johnathan Edwards, que no puede compararse a los vuelos exegéticos y estilísticos de Lacunza. Hasta Benjamín Franklin y Thomas Paine, no asoman en los Estados Unidos las ideas de la Ilustración francesa.

Autobiography de Franklin (1771-89) y *The Age of Reason* de Paine, con su filosofía del "common sense" y su defensa de los derechos del hombre, corresponden, por lo demás, a los escritos de los hombres de nuestra Independencia, contemporáneos de los ilustres angloamericanos mencionados.

En Argentina, en 1796 aparece *Principios de la ciencia económico-política,* traducido del francés por el que luego será el famoso General Manuel Belgrano, de la Independencia argentina; el sabio alemán Thadaeus Haenke, residente en Cochabamba, Alto Perú, hace las primeras observaciones meteorológicas en nuestro hemisferio y publica su *Descripción del Reyno de Chile* (1890). Un jesuíta argentino, desterrado, el P. Manuel Peramás, publica una obra curiosa, *De administratione Guaranica comparata ad Republicam Platonis,* ensayo de comparación del sistema comunal de las Misiones paraguayas con la República de Platón, y Juan Ignacio Gorriti, argentino, publica, en Chile, un ensayo sobre educación popular y democracia: *Re-*

flexiones sobre las causas de las convulsiones internas de los estados americanos.

El espíritu de investigación científica produjo, en Colombia, a un gran sabio naturalista, el sabio botánico español, sacerdote *José Celestino Mutis,* el mejor estudioso de la flora sudamericana y al sucesor criollo en su cátedra, don Francisco José de Caldas, autor de una *Memoria* completísima sobre las plantas americanas. El *Semanario de Nueva Granada* publicaba éstas y otras producciones científicas criollas, comentadas en los círculos científicos de Europa de la época.

En Ecuador, el sabio profesor de Medicina don Francisco Eugenio Santa Cruz y Espejo, fue un innovador en la educación pública. En 1779, su *Nuevo Luciano o Despertador de Ingenios,* despertó a muchos jóvenes intelectuales de las postrimerías de la Colonia, mientras el propio Virrey de Lima Francisco Gil de Taboada, en colaboración con el Dr. Hipólito Unanue, peruano, fundan la "Sociedad de Amantes del País" y "El Mercurio Peruano", órgano de publicidad de numerosos y valiosos ensayos científicos de los miembros de dicha asociación.

El primer historiador argentino de la literatura hispanoamericana, Juan María Gutiérrez (1809-1878) en su famosa *Revista del Río de la Plata,* sumariaba así la riqueza intelectual de las colonias españolas de América: "Ninguna colonia europea ha producido más talentos ni mayor número de hombres estudiosos que la española en el Nuevo Mundo. Sólo la Compañía de Jesús cuenta en él mucho más de 200 entre profesores y predicadores, filólogos e historiadores, brillando entre estos últimos los chilenos Ovalle y Molina, el mejicano Clavijero, el ecuatoriano Velasco y los argentinos Juárez, Morales, etc. . . ., cuyas obras corren traducidas a varias lenguas cultas de Europa".

Estos hombres señalan la madurez de las colonias y prepara la Independencia de la América Hispánica.

CAPITULO V

EL SIGLO XIX

De la Ilustracion al Positivismo, pasando por el Romanticismo

Literatura de la Independencia

Introducción: La Independencia y sus causas. Ni fue tan atrasada, como dicen, la enseñanza universitaria en la Colonia, de la cual salieron hombres como Caldas, Espejo, Mutis, Nariño, Camilo Henríquez, Bolívar, Bello, Moreno; ni era tan profunda la "siesta colonial", que no se prepararan tormentas a fines del siglo XVIII precursoras de las Guerras de la Independencia de principios del XIX.

"La Independencia de América venía de un siglo atrás sangrando: ni de Rousseau ni de Washington viene nuestra América, sino de *sí* misma!" (Martí, Discurso en honor de Bolívar, Sociedad literaria hispanoamericana, 1893, cit. por Pellicer: *Bolívar,* ed. Universidad Nacional de México, 1937).

Los Jesuítas enseñaban —maestros eminentes de la colonia— las doctrinas jurídicas de Francisco Suárez, granadino, a quien nombró, como hemos recordado, Hugo Van Groot, junto a Vitoria, "magni illi hispani", como fundador del Derecho Internacional. Contra las teorías absolutistas del rey Jacobo I de Inglaterra en su "Apologeticum", Suárez responde con su *Defensio fidei adversus regem Angliae,* y en su tratado *De legibus ac de Deo legislatore,* expone, un siglo antes que Rousseau, y mejor que él, los fundamentos democráticos del Poder civil.

Otro jesuíta, el Padre Juan de Mariana, —cuya obra ordenó quemar La Sorbonne, pero no condenó la Inquisición española— defendía hasta . . . la licitud del tiranicidio. Suárez, siguiendo a Vitoria y a Santo Tomás de Aquino, explicaba las circunstancias que justifican la revolución, por haber sido devuelto el poder al pueblo si el príncipe no cumple su parte del contrato social. Algunos de los intelectuales de la Independencia citaron las doctrinas de los jesuítas. Al ser éstos expulsados de España y sus dominios (1767), criollos los más de ellos en la nostalgia de la patria, contribuyeron intelectualmente, desde el exilio, en Europa, a la conspiración por la libertad. En el Proyecto presentado al Ministro inglés Pitt, por Miranda el Precursor (1798), firmaban dos jesuítas sudamericanos.

El Decreto tardío de Libre comercio, dado por los Borbones a fines del siglo XVIII, no satisfacía a los comerciantes criollos. Y las reformas y libertades que predicaban los propios españoles liberales, aun desde los gobiernos de Aranda y Campomanes, hallaban eco peligroso en Ultramar. En 1721 y 1735, los primeros, se levantan los Comuneros del Paraguay, por la intromisión de los gobernadores civiles en el régimen religioso-patriarcal —que no es teocrático— de las Misiones. Antes de la revolución peruana del descendiente de los Incas Gabriel Condoncarqui que tomó el nombre de un inca ajusticiado Tupac Amaru, (1780-82) y de la rebelión de los Comunes del Socorro en Colombia (1781), y el primer atentado de invasión libertadora, fracasado, de Miranda, en Coro, Venezuela (1806); se alza el escritor chileno Manuel de Salas y Corvalán (1753-1841), hijo de don José Perfecto, autor de una *Geografía de Chile;* autor el hijo de una *Representación al Ministro de Hacienda de España,* y fundador de la Academia de San Luis. Periodista, patriota, aparece como jefe del primer motín chileno, en 1776. Luego otro criollo importante, el enciclopedista y dueño de la más rica biblioteca de Sud América, José Antonio de Rojas, se rebela en 1781 en compañía de un francés y un peruano.

En 1776 se independizan las colonias inglesas de Norte

América, con ayuda de España, aliada de Francia y enemiga de Inglaterra entonces; y algunos funcionarios e intelectuales españoles se dan cuenta ya de que su colaboración a la Independencia de los Estados Unidos ha sembrado un peligroso precedente para las colonias españolas del Sur.

En 1789, la Revolución Francesa y la *Declaración de los Derechos del Hombre y del ciudadano,* traducida en Colombia por Antonio de Nariño en edición clandestina que le costó la prisión (1794), preludian la crisis de las monarquías.

En 1791 el jesuíta peruano desterrado Padre Juan Pablo Vizcardo y Guzmán publica el primer folleto que llama a la franca independencia a los hispanoamericanos, con el lema de "Vincet amor patriae". Dice: "El valor con que las Colonias inglesas de la América han combatido por la libertad cubre de vergüenza nuestra indolencia . . . Que sea ahora el estímulo de nuestro honor, provocado con ultrajes que han durado trescientos años".

Los criollos, que no podían obtener más cargos públicos que los del Cabildo, llenaban las Universidades, leían y se ilustraban apasionadamente, para conquistar la libertad "por la razón o la fuerza", como reza el lema del escudo chileno.

En 1804, las tropas de Napoleón Bonaparte, con el pretexto de pasar a Portugal, embaucan y hacen prisioneros al rey Carlos IV y su heredero Fernando VII y colocan a José Bonaparte en el trono de España. El pueblo español defiende su independencia, con la ayuda luego del ejército inglés de Wellington. Los cabildos españoles recuperan su papel medieval de autonomía y dirigen al pueblo en la revolución. Se organizan Juntas, y en 1810, se reúnen en Cádiz las Cortes, a las que por primera vez se invitaba representantes americanos. En 1812 se promulga la primera Constitución española, imbuída en los principios liberales franceses.

Entretanto, los criollos de Buenos Aires, que han tenido que defender la ciudad contra ataques de ingleses y franceses, con poca ayuda de España, en Cabildo abierto proclaman la Independencia (25 de mayo de 1810); luego hace lo mismo el Cabildo de Santiago de Chile (18 de septiembre de 1810) y el de Caracas (7 de julio de 1811). Mientras tanto, un cura mestizo de pueblo lanza, en Dolores, México, el primer grito de libertad, el Cura don Miguel Hidalgo (16 de septiembre de 1810). Los cabildos de Quito (2 de agosto de 1810) y Bogotá (20 de julio de 1810) han hecho lo mismo que los demás cabildos sudamericanos . . . y que los españoles.

Las Guerras de la Independencia duran de 1810 a 1824.

Causas de la Independencia. Los Cabildos, que habían ido perdiendo en la España moderna toda su autonomía popular, la de sus orígenes forales castellanos de la Reconquista, revivieron en Indias como el único poder público al que tenían acceso los americanos. Cuando el propio Pedro de Valdivia fue "elegido" Gobernador por el "cabildo abierto", contestó: "Yo creo que pueden vuestras mercedes hacer lo que hacen por el poder que Su majestad da a sus cabildos y ellos están en Su nombre para proveer las cosas que tocan a su servicio" (Carlos D. Hamilton, *Comunidad de pueblos hispánicos,* Madrid, 1951). Por eso cuando el pueblo español se alzó contra el Intruso y se constituyeron, a falta de real cabeza, las Juntas; y las Cortes gaditanas asumieron el poder legislativo, las provincias ultramarinas consideraron que les era igualmente lícito seguir el ejemplo de las provincias metropolitanas . . . La Junta Chilena había declarado, el 14 de septiembre de 1810: "Es constante que, *devuelto a los pueblos* el derecho de soberanía por la muerte civil del monarca (eran la tesis y las mismas palabras de Suárez . . .) deben éstos, usando del arbitrio generalmente recibido, elegir sus representantes para que, unidos en Congreso general, determinen la *clase de gobierno* que haya de regir, *mientras* el soberano (Fernando VII) se restituye al trono y reasume por un derecho de postliminio su autoridad soberana". Sobre esta raigambre jurídica tradicionalmente hispánica se eleva el árbol de nuestra Independencia.

Se pueden señalar, sumariamente, como las principales causas de la Independencia, las siguientes: Primera, el natural deseo de libertad de todos los pueblos. Encina asegura que "la colonia había llegado ya a la madurez", a fines del siglo XVIII. Sobre esta fuente natural del anhelo de libertad, la tradición española de la legislación y la tradición suareciana de la escuela, corroboraban el origen democrático del Poder y la devolución de éste al pueblo. Segundo, el ejemplo de los Estados Unidos. Luego: la expulsión de los jesuítas que exacerbó en las colonias a parientes y discípulos; las ideas de la Revolución Francesa que germinaban en una pequeña, pero activa, minoría de intelectuales; el monopolio del tabaco que hace las veces de la tasa del té de Boston; el menosprecio de los criollos ilustrados por los españoles peninsulares, que monopolizaban los cargos públicos, civiles y eclesiásticos; el sentimiento contrario a la esclavitud de los negros y la influencia romántica de los héroes de la libertad araucana, desde el poema de Ercilla. La enumeración de causas de un fenómeno histórico complejo, no debe, naturalmente entenderse como taxativa.

La interpretación liberal de los historiadores del siglo pasado exageró la tiranía comercial y la influencia de las ideas francesas, de las que estaban ayunos la mayoría de los patriotas. La ingenua interpretación marxista, más reciente, de nuestra historia yerra garrafalmente al considerar nuestras revoluciones por la Independencia como mero ejemplo de la lucha de clases. En realidad fue la aristocracia criolla, descendientes de los conquistadores, y ricos encomenderos, la impulsadora de la revolución contra la burguesía burocrática peninsular. Con la excepción de México, en que la revolución tuvo origen provinciano y popular y apoyo indígena; pero que estuvo fracasada hasta el advenimiento del organizador aristócrata, Iturbide.

La literatura de la Independencia. En el período de la Revolución por la Independencia de los Estados Unidos hay dos figuras que los patriotas sudamericanos miran como a modelos: Benjamín Franklin (1706-1790), sabio, impresor, periodista, diplomático, símbolo más que influencia ideológica; y Thomas Jefferson (1743-1826), franco ideólogo de la democracia. Pero no puede hablarse de influencias literarias de la naciente República del Norte, la que seguía siendo, en medio de su triunfo político, más pobre que los colonias españolas en el campo de las letras y de las artes.

A la época de los cronistas, soldados y frailes, sabios y teólogos, sucede en la América Hispánica la literatura libertaria de estadistas, abogados, profesores y periodistas. Cuando no se hablaba aún abiertamente de independencia total de España, de verdadera secesión política, el 6 de enero de 1811 circuló, por Chile y Argentina, una proclama firmada con el seudónimo *Quirino Lemáchez,* que decía:

"Estaba, pues, escrito, oh pueblo, en el libro de los eternos destinos, que fueseis libres y venturosos por la influencia de una constitución vigorosa y un código de sabias leyes; que tuvieseis un tiempo como lo han tenido y tendrán todas las naciones, de esplendor y de grandeza; que ocupaseis un lugar en la historia del mundo y que se dijese algún día: la república, la potencia de Chile, la majestad del pueblo chileno".

Camilo Henríquez (1769-1825). Era este chileno, fraile de la Buena Muerte, el que mal se ocultaba bajo tal seudónimo. Nacido en Valdivia, fundador del primer periódico republicano de Chile, *La Aurora de Chile;* sacerdote que pronunció el sermón de apertura del I Congreso Nacional chileno, el 4 de julio de 1811, y en el que rindió homenaje al aniversario patrio norteamericano, Camilo Henríquez, es el primer romántico de nuestras letras americanas. Es el autor del *Catecismo de los patriotas,* que seguía al *Catecismo Político cristiano,* escrito por el Dr. Jaime Zudáñez y atribuído a Martínez de Rozas y a José A. de Irisarri. En el convento, el buen fraile de la Buena Muerte, educado en Lima, se había leído toda la Enciclopedia. Y en sus escritos, idealísticos y violentos, elocuentes y románticos, teatrales y sinceros, aparecen las ideas y sentimientos de un Rousseau o de un abate Raynal.

En 1817 púsose en escena, en Buenos Aires uno de los primeros dramas patrióticos, *Camila o la Patriota sudamericana,* obra de fray Camilo Henríquez y luego otras obras teatrales suyas, como *La procesión de los lesos, La inocencia en el asilo de las virtudes.* Escribió también un ensayo: *Acerca de los su-*

cesos desastrosos de Chile, después de la derrota de Rancagua, 1814, con que terminó la "Patria Vieja" e inició España su Reconquista vengativa hasta 1817, en que las batallas de Chacabuco y Maipú, ganadas por el Ejército Libertador chileno-argentino decidieron de la definitiva libertad de Chile, bajo San Martín y O'Higgins.

Camilo Henríquez no es simplemente el exaltado apóstol patriota sentimental, ilustrado y romántico. Es un representante ilustre de los intelectuales de la época de la Independencia: inteligente, culto, de sublimes arranques a veces en medio de la ostentosa oratoria al uso; que cita a Milton al lado de los filósofos franceses de moda, como lo hacían el cura Hidalgo, mártir de la Independencia mexicana, que traducía a Racine y a Molière: los patriotas intelectuales salidos de las universidades hispanoamericanas de la Colonia.

De la Ilustración al Romanticismo. Las corrientes ideológicas de Hispanoamérica, sin la sucesión exclusiva y excluyente de los movimientos originales de Europa, siguen una pareja evolución. Pero las tendencias americanas, más eclécticas y menos doctrinarias, suelen ir enlazando una tendencia con la recién venida. Desde el siglo XV al XVI impera en las inteligencias hispanoamericanas la doctrina tradicional escolástica, enseñada en sus universidades; pero con las novedades humanísticas que innovan en el Renacimiento español: Luis Vives y Erasmo; Vitoria y Suárez. Se enseña a Santo Tomás y se lee a Garcilaso, se representan misterios sacros y las comedias de Lope y Tirso. En el siglo XVII, el Barroco, en una síntesis del culteranismo de Góngora y el conceptismo de Quevedo y Calderón da los mejores frutos de la literatura colonial. Pero a fines del siglo XVIII, en América, se ve la rara combinación del Barroco que sobrevive y de las nuevas ideas que se infiltran desde Francia, a través de España: ideas coloniales y "luces" de la Ilustración.

Al comenzar el siglo XIX, y en plena crisis revolucionaria, los intelectuales americanos mantienen la filosofía de la Ilustración, pero vertiéndola en las nuevas formas —de vida y de estilo— del Preromanticismo, y del Romanticismo, sentimental, revolucionario, nacionalista e historicista.

El racionalismo clásico y el sentimentalismo romántico se dan la mano en héroes y escritores, que leen a Rousseau y descubren el paisaje de su tierra y rinden culto a Napoleón a quien combaten; escriben odas neoclásicas y cantan a la naturaleza tropical; luchan por la idea del progreso y creen en la felicidad otorgada por las leyes y constituciones; escriben costumbrismo y odas patrióticas quintanescas; tratan de independizarse literariamente de España, tras de haber roto con ella los vínculos políticos, e imitan a los románticos franceses; para terminar haciendo versos a lo Zorrilla y lo Espronceda.

El tema de la Libertad, tema romántico fundamental, es el tema obvio de la época de la Independencia; pero seguirá siendo el tema permanente del ensayo hasta nuestros días: libertad política, libertad social, libertad artística, libertad económica . . .

El período de 1810 a 1830 es más para las armas que para las letras; pero muchos de los luchadores americanos son hombres cultos y las letras fueron muchas veces precursoras, aliadas o celebradoras de las armas victoriosas de la libertad.

Francisco de Miranda (1750-1816). El gran Precursor venezolano de la Independencia de la América española, es un personaje de aventura y de leyenda; luchó por la independencia de Estados Unidos como enviado del rey de España Carlos III, en Pensacola; observó el nacimiento de la democracia norteamericana, conversó con Hamilton y Knox sobre los proyectos de independencia de la América del Sur; luchó por Francia; fue amigo de Catalina de Rusia; viajó por todo el mundo; conspiró en Londres y en Cádiz en las "logias" y fracasó en dos expediciones libertadoras de Venezuela. Fué entregado a los españoles por sus oficiales y murió en la cárcel de Cádiz. Su *Diario* en el que manifiesta, además, pretensiones de escritor, fue considerado en su época como documento para conocer los problemas americanos, por sus amigos y escritores, de Inglaterra y Estados Unidos.

Simón Bolívar (Caracas, 1783-1830). Formado en la Universidad de Caracas, discípulo de Andrés Bello, su amigo y condiscípulo a la vez, estudió también en España. De rica familia "mantuana", de la aristocracia terrateniente de Venezuela, sus ideas forman una expresión, la más destacada de la combinación de ideologías que bullían en las inteligencias criollas de 1810. Ideales de la Ilustración y de la Enciclopedia, tradición escolástica española y atisbos de romanticismo. Cree en el ideal de la democracia pero como algo inalcanzable todavía por las naciones hispánicas de América; admira e imita a Napoleón, desde la estrategia veloz al uniforme, y sostiene la necesidad de las presidencias vitalicias en la América nuestra. De todos los grandes hacedores de patrias de la América española, Bolívar tiende a la dictadura temporal, San Martín prefiere la monarquía; sólo O'Higgins admirador de la Constitución británica, es tenaz defensor de la república representativa. Iturbide, organizador de la independencia de México, se hace coronar rey y muere en el cadalso. Al mismo tiempo, de todos los libertadores, el Libertador no sólo es el más importante desde el punto de vista militar y de estadista, sino el más genial en su expresión literaria de las ideas de su tiempo, el más inspirado y hasta profético.

Entre sus *Obras Completas,* publicadas por Vicente Lecuna, edición del Gobierno de Venezuela, (La Habana, Cuba, 1947) hay que destacar como sus momentos literarios más felices: el famoso *Discurso de Angostura* (1819), la *Carta de Jamaica* (1815) y el discurso con que hace entrega a Bolivia de su constitución original (1825), además del poético *Discurso desde el Chimborazo.* Sus cartas muestran más auténticamente las ideas del hombre y sus proclamas la postura del generalísimo y el estadista. Su tesis frente al problema práctico de dar un gobierno a los países libertados por su espada, es que las circunstancias de Venezuela demuestran "la ineficacia de la forma democrática y federal para nuestros nacientes estados"; que no deba imitarse la constitución norteamericana, porque nuestros países habían tenido menor experiencia de autogobierno y que "en tanto que nuestros compatriotas no adquieran los talentos y las virtudes políticas que distinguen a nuestros hermanos del Norte, los sistemas enteramente populares, lejos de sernos favorables, temo mucho que vengan a ser nuestra ruina". Era la tesis de Aristóteles de la necesidad de la virtud para el funcionamiento de la democracia.

Bolívar señala a Chile como una excepción feliz: "El reino de Chile está llamado, por la naturaleza de su situación, por las costumbres inocentes y virtuosas de sus moradores, por el ejemplo de sus vecinos (los fieros republicanos de Arauco) a gozar de las bendiciones que derraman las justas y dulces leyes de una república . . . En una palabra, Chile puede ser libre". (*Carta de Jamaica*). Y apoya su tesis de la variedad de los gobiernos y sistemas que hay que aplicar a los diversos países, en *El espíritu de las leyes* de Montesquieu.

La Poesía. La historia de la poesía en los países independientes de la América Ibérica se inaugura con una venerable trinidad: Olmedo, Bello y Heredia. Ellos encarnan la transición de la poesía neoclásica al romanticismo. Pero antes de ellos hay otras manifestaciones de poesía, patriótica por las circunstancias de su aparición, que preparan la mayor dignidad de estos grandes nombres inaugurales.

Dos argentinos son los autores de los primeros *Himnos* nacionales, los de Chile y Argentina: Vicente López y Planes, de la asamblea constituyente de 1813, recibió de ella el encargo y compuso el Himno nacional argentino que se entona todavía en las fechas marciales:

> Oíd, mortales, el grito sagrado:
> libertad, libertad, libertad;
> oíd el ruido de rotas cadenas,
> ved en trono a la noble igualdad.

El Dr. Bernardo Vera y Pintado, del séquito de San Martín, compuso las estrofas del Himno de Chile, del que se conserva el coro, hasta que firmada la paz con España, un poeta romántico, Eusebio Lillo cambió las estrofas que respiraban odio al antiguo conquistador:

Coro:

Dulce patria, recibe los votos
con que Chile, en tus aras, juró:
que o la tumba serás de los libres,
o el asilo contra la opresión.

La transición, o mejor dicho, la mezcla, entre las formas neoclásicas heredadas del siglo XVIII y los sentimientos naturalmente románticos de las gestas revolucionarias y la naturaleza exuberante de la nueva América, está bien interpretada en esta frase de Rodó, en *El Mirador de Próspero*: "En la conciencia del poeta aquella poesía (se refiere a la neoclásica argentina) era toda ingenuidad y sentimiento; pero era artificial en su realización; y sus imágenes clásicas de libertad y de heroísmo figuraban todo menos el cuerpo real, colorido y viviente, de la patria, por más que se caldearan en su amor y se aplicasen a sus victorias y a su héroes".

Todos los poetas de la época "toman la lira" en la introducción de sus largas odas. El propio Heredia, nuestro primer romántico, comienza su célebre *Oda al Niágara*:

Templad mi lira, dádmela, que siento
en mi alma estremecida y agitada
arder la inspiración . . .

Olmedo en su *Canto a Bolívar*:

¿Quién me dará templar el voraz fuego
en que ardo todo yo? Trémula, incierta,
torpe la mano va sobre la lira
dando discorde son . . .

Y hasta uno de los últimos románticos, el más cercano a Bécquer que a Quintana, el uruguayo Zorrilla de San Martín, comienza su magnífico *Tabaré*:

Dadme la lira y vamos, la de hierro,
ésa la más pesada y negra . . .

113

El contenido poético es ya romántico en los cantores de la libertad y hazaña heroica de la Independencia; pero ese contenido se vierte todavía en la forma tiesa del academismo neoclásico. *José Joaquín Olmedo* (Ecuador, 1780-1847). Miembro de la primera Junta de Gobierno de su patria, siempre activo en la política de la Gran Colombia, el "Quintana americano" supera al sonoro poeta de España por el romanticismo, que tiñe sus sentimientos y su conciencia de la naturaleza americana. Desmesurado y oratorio, es el cantor de Bolívar y el primer gran poeta de la Independencia. Sin embargo, el genio culto y burlón del Libertador corrige, como buen crítico, sus hiperbólicas demasías. Las Odas más famosas son: *La victoria de Junín-Canto a Bolívar* y *Al general Flores, vencedor de Miñarica.*

La *Victoria de Junín* comienza como el Herrera heroico de sus primeros poemas, con solemne armonía imitativa:

El trueno horrendo que en fragor revienta
y sordo retumbando se dilata
por la inflamada esfera,
al Dios anuncia que en el cielo impera.

Bolívar escribe a su aeda: "Usted debió haber borrado muchos versos que yo encuentro prosaicos y vulgares; o yo no tengo oído musical . . . Cofieso a usted humildemente que la versificación de su poema me parece sublime; un genio le arrebató a usted a los cielos. Usted conserva en la mayor parte del canto un calor vivificante y continuo: algunas de las inspiraciones son originales; los pensamientos, nobles y hermosos . . . Usted dispara donde no se ha disparado un solo tiro; . . . de mí forma un Júpiter, de Sucre un Marte, de Lamar un Agamenón. Si yo no fuese tan bueno y usted no fuese tan poeta, me avanzaría a creer que usted había querido hacer una parodia de la Ilíada con los héroes de nuestra pobre farsa".

La opinión modesta y equibrada de Bolívar me resulta más acertada desde el punto de vista de la crítica literaria que la de Menéndez y Pelayo, quien exalta a Olmedo por encima de Heredia y de Bello, simplemente por la elocuencia quintanesca de su estrofa; es decir, por lo que le queda de lastre neoclásico. Es cierto, sin embargo, que en muchas ocasiones su verso grandilocuente se siente adaptado a la heroica circunstancia que le inspira. Olmedo, Bello y Heredia, son indiscutiblemente, los tres más grandes poetas del siglo XIX americano.

José María de Heredia (Cuba, 1803-1839). El mayor poeta de Cuba hasta Martí, primo del sonetista francés del mismo nombre, desterrado a los 25 años, era el más famoso poeta de América. El Romanticismo de lengua española no comenzó en realidad, como suele decirse con la *Oda al Faro de Malta* del Duque de Rivas (1832), sino que ocho años antes (1824) con las odas de Heredia *Al Niágara* y *Al teocalli de Cholula*. En formas todavía de corte neoclásico, el desborde de la imaginación frente a la naturaleza americana, el sentimiento patriótico de *Epístola a Emilia* o el *Himno del desterrado,* y la melancolía de sus poesías eróticas, como *El desamor,* le señalan como al primer poeta romático de la lengua.

> Hallábame sentado en la famosa
> choluteca pirámide. Tendido
> el llano inmenso que ante mí yacía,
> los ojos a espaciarse convidaba.
> ¡Qué silencio! . . . ¡qué paz!
>
> Bajó la noche en tanto. De la esfera
> el leve azul, oscuro y más oscuro
> se fue tornando: la movible sombra
> de las nubes serenas, que volaban
> por el espacio en alas de la brisa,
> era visible en el tendido llano.
> Iztaxihual purísimo volvía
> del argentado rayo de la luna
> el plácido fulgor, y en el oriente
> bien como puntos de oro centelleaban
> mil estrellas y mil . . . Oh! yo os saludo
> fuentes de luz, que de la noche umbría
> ilumináis el velo,
> y sois del firmamento poesía . . .

¡Gigante del Anáhuac! ¿Cómo el vuelo
de las edades rápidas no imprime
alguna huella en tu nevada frente?

¿Y tú eterno serás? . . .

Todo perece
por ley universal. Aun este mundo
tan bello y tan brillante que habitamos
es el cadáver pálido y deforme
de otro mundo que fue . . .

El Romanticismo en Hispanoamerica

"El corazón se sube a la cabeza. Se acepta la emoción como
un alcohol . . . El tono de la época se declara en el vocabulario:
a toda hora oís divino, sublime, extático, fatal. Se lleva la lá-
grima", dice Ortega. (cit. por Laín Entralgo, *Historia de la Medicina*). Me parece una buena caracterización de lo romántico.
El término *romántico,* se emplea, primero, en inglés: *romantic*
significa lo propio del romance, lo novelesco, la ficción, lo fantástico. El Romanticismo es un movimiento vasto y complicado,
que excede los límites de una escuela literaria o de un estilo artístico. Abarca el campo de la filosofía (Shelling), el jurídico
(Von Savigny), la historia política, el arte, la literatura y una
manera universal de vida.

En contraposición al siglo clásico, que endiosaba la Razón,
la norma; los pueblos de Europa dan ahora, a comienzos del
siglo XIX, su predominio a la fantasía y al sentimiento, a la
intuición y a la emoción; contra las filosofías intelectualistas y
"civilizadoras" de valor universal, ya Rousseau pregonaba la felicidad del hombre salvaje; la bondad de la selva y de una vida
libre, natural, soñada a través de los relatos americanos de los
misioneros, especialmente de Las Casas y del poema de Ercilla.

Rousseau, jusnaturalista racionalista, siembra, sin embargo,
la semilla del anticlasicismo romántico, con el mito del salvaje
naturalmente bueno. Pero son los filósofos alemanes, Shlegel,
Novalis, Shelling, los primeros en formular, filosóficamente, la

tesis romántica. La expresan en sus obras poéticas Goethe y Schiller al sobrepasarse del marco clásico, griego, formal y normal, sereno, racional, universal, frío, objetivo e inmutable. Contra el "alma apolínea" del clacisismo se opone el "alma fáustica", desmesurada, brote del sentimiento soterraño, oscuro y misterioso, rebelión contra el orden, contra todo orden: contra lo objetivo. El Romanticismo se funda en un *subjetivismo* (idealismo alemán) y en el nacionalismo historicista (Escuela Histórica alemana), contra la norma clásica del derecho natural, racional, abstracto, universal e inmutable.

En vez de la concepción naturalista y el concepto mecanicista del cosmos, un concepto individualista, que rompe la idea de una humanidad universal según los moldes de la razón. Hay que estudiar ahora cada individualidad, singular o nacional. En vez de la filosofía que estudiaba la naturaleza humana, la historia busca las características individuales de la conducta humana y el "Volkgeist" de cada nación.

Las Independencias nacionales, tanto en España como en Hispanoamérica, exaltan el "espíritu popular", el que según De Maistre y Carlos Federico von Savigny constituye el genio causal de las manifestaciones sociales: lengua, leyes, costumbres, cultura. El sentimiento salvaje y natural se sobrepone al frío dominio de la razón; en España y América, el caudillo personal, fuerte, a caballo, como el gaucho Rosas, se impone sobre la "nomocracia" o gobierno por el derecho. Todos quieren ser napoleones y al mismo tiempo los "liberales" exaltados, luchan, desde Grecia hasta América, por la libertad.

El "mal du siècle" no era sólo la rebeldía contra la razón y sus normas; sino un desencanto, era una rebeldía triste, melancólica. Los románticos visten de negro, con sombreros alones, corbatas caídas, largas melenas. A falta de leyes naturales que rijan toda sociedad humana, se busca en la historia la explicación de la conducta de cada pueblo.

En *literatura*, Inglaterra, primero, produce la *novela histórica* de tema medieval legendario y la *poesía sentimental;* España vuelve al *teatro* calderoniano de ambiente histórico y de verso tradicional, romancesco. Schiller, Goethe, Byron, Hugo, Espronceda, Manzoni y José Zorrilla, autor de *Don Juan Tenorio*, son representantes destacados del movimiento.

En España hay escasa novela histórica; el género preferido es el teatro. En cambio, en América, comienza con el romanticismo la gran novela. Lo indio y lo colonial proporcionan el ambiente exótico que los europeos buscaban en la Edad Media o en América. Los franceses, Chateaubriand, Lamartine, habían idealizado antes el paisaje y el indio americano (Atala, Renée). El modelo de la novela histórica es Sir Walter Scott, maestro de Mármol, el argentino.

En Estados Unidos, el período romántico (1810-1865) señala el momento de independencia cultural frente a Inglaterra, después de su independencia política. Lo mismo sucede en Hispanoamérica, un par de décadas después.

La verdadera historia literaria de los Estados Unidos comienza con los grandes escritores románticos, primera contribución de la Democracia del Norte a la historia universal de las letras. Hispanoamérica había dado ya, a la Edad de Oro y al Barroco nombres de valor universal, como Garcilaso, Sor Juana, Ruiz de Alarcón, Balbuena. Pero con características americanas y todo, la literatura colonial seguía siendo una parte de la literatura española. Con el Romanticismo comienza la independencia artística de la América española, tal como en la América inglesa. Empieza; porque la independencia cultural sólo se consumará a fines del siglo, con el Modernismo.

Washington Irving (1783-1859) que inspira en España sus obras románticas; James Fenimore Cooper (1789-1851) que preludia la novela romántica de tema fronterizo e indígena y es modelo admirado y seguido por los románticos nuestros, como Sarmiento; Herman Melville (1819-1891) con su *Moby Dick,* novela del mar americano; el ensayista Ralph Waldo Emerson (1803-1882) amigo de Sarmiento e inspirador de nuestros primeros ensayistas del siglo XIX y, sobre todo, Henry W. Longfellow (1807-1882) el gran poeta traducido por nuestros poetas y traductor, a su vez, de escritores hispanoamericanos, son figuras de la literatura universal y ejercen influencia sobre los hispanoamericanos. Nuestros primeros escritores del siglo XIX, para alejarse de la tutela cultural española, se inspiran en estos norteamericanos al mismo tiempo que siguen modelos ingleses y franceses. Los costumbristas rezagados de la era romántica, en Estados Unidos, como Bret Harte (1830-1902) y Louise Alcott (1832-1888) marcan el tránsito al realismo a lo Dickens, al mismo tiempo que están publicando ya los grandes novelistas españoles del realismo, en torno a 1870.

Andrés Bello y el Romanticismo. Suele repetirse, como un dogma, que el Romanticismo fue "traído" de Francia a América, por el argentino Esteban Echeverría, autor de *Elvira o la Novia del Plata* (1832) y habría "llevado" el movimiento a Chile el grupo de emigrados argentinos de la tiranía de Rosas, como un contrabando, al otro lado de la Cordillera. López, Alberdi, Sarmiento, Mitre, serían los corifeos del nuevo movimiento y en Chile habrían encontrado la tenaz resistencia de Bello, clásico, frío, gramático, antiromántico, hispanizante y reaccionario . . . Esto dicen muchas historias literarias.

La verdadera historia es muy diferente de esta leyenda. Echeverría bebe en París la inspiración romántica y "decide" ser poeta romántico, algo así como veinte años más tarde el chileno Blest Gana lee a Balzac y decide ser el Balzac chileno. Este lo consiguió. Pero es difícil resultar poeta por un acto enérgico de la voluntad. Por lo demás, siete años antes de la primera poesía romántica de Echeverría, y ocho antes del Duque de Rivas, como se ha señalado, Heredia había lanzado los más hermosos versos románticos de la lengua española. En 1826 hay ya atisbos románticos en las poesías de Fernando Calderón y el teatro de Camilo Henríquez. Pero en el filo de la centuria, en 1808, el primer poema conocido de Bello, *Anauco* inicia realmente la tendencia romántica en América. En 1810, Bello publica en Londres su famosa silva americana *Oda a la agricultura de la zona tórrida* y en sus mocedades venezolanas había comenzado a traducir a Byron y a Víctor Hugo, al par de sus traducciones clásicas de Plauto y de la lejana leyenda *Die Nie-belungen* (motivo romántico).

En el sabido paralelo entre el Bello clásico y el genial Sarmiento rebelde, queda poca verdad; y Bello aparece no sólo como el padre de la cultura independiente de Hispanoamérica, sino como el más talentoso maestro que América haya tenido nunca, a la vez que como el verdadero promotor del Romanticismo en nuestras tierras.

Andrés Bello (Caracas, 1781-Stgo. de Chile, 1865). Formado en la Universidad de Caracas, que maravilló a Humboldt, por "moderna" a fines del siglo XVIII, Bello, maestro de Bolívar junto con Simón Rodríguez, escribía ya poesía y algunos ensayos en su patria. Secretario de la primera misión sudamericana a Londres, cuando su presidente Simón Bolívar regresó a Venezuela para hacerse cargo de la relampagueante guerra por la Independencia, Bello permaneció en Londres, en donde contrajo dos sucesivos matrimonios, sufrió por la muerte de uno de sus numerosos hijos y vivió la pobreza. Estudió el derecho inglés y a los filósofos ingleses. El Gobierno de Chile le invitó, en 1829, y allí sentó su múltiple y sabia cátedra hasta su muerte en 1865. Una ley especial le otorgó la ciudadanía chilena y chilenos fueron los hijos que le sobrevivieron.

Bello es el más grande humanista de Chile y de América; y su patria adoptiva le debe la mesura y el gusto ecléctico que presiden toda su historia literaria moderna.

En su juventud caraqueña, compuso poesías y ensayó una obra teatral *Venezuela consolada,* a la vez que tradujo clásicos latinos. En Londres publica sus revistas científico-literarias: *Biblioteca americana* y *Repertorio americano,* en donde aparece su primer estudio sobre la *Simplificación de la Ortografía en América* y un ensayo imitado después, pero que es el primer estudio de los orígenes medievales de la rima asonante y su uso moderno. Allí publicó también, sus *Silvas americanas,* que Menéndez y Pelayo incluyó entre las *Cien mejores poesías de la lengua castellana.* En su Silva I, *Alocución a la Poesía,* Bello invitaba a las Musas a trasladarse a América, primera manifestación del americanismo literario, propio del Romanticismo:

> Divina Poesía,
> Tú, de la soledad habitadora,
> a consultar tus cantos enseñada
> con el silencio de la selva umbría,
> Tú, a quien la verde gruta fué morada,
> y el eco de los montes compañía;
> tiempo es que dejes ya la culta Europa,
> que tu nativa rustiquez desama,
> y dirijas el vuelo a donde te abre
> el mundo de Colón su grande escena.

La Independencia de la América española tuvo dos poetas dignos de cantarla: Olmedo, el ecuatoriano grandilocuente cantor de batallas y victorias, y Bello, el cantor de *La agricultura de la zona tórrida* y de las labores constructivas de la paz, en la América libre.

Las *Obras Completas* de Bello fueron publicadas por la Universidad de Chile, con introducción y notas de los hermanos Amunátegui. Con ocasión del centenario del Código civil chileno, en 1955, Venezuela ha hecho otra edición de las *Obras Completas,* cuyo primer volumen contiene la Poesía.

Sus obras principales: *Poesías* (Caracas, 1800-1810); Londres 1810-1829; Santiago, 1829-1865); edición crítica del *Poema del Cid* (1881); *Principios del Derecho de gentes* (1847); *Filosofía del entendimiento* (1847); *Estudios gramaticales; Principios de derecho internacional; Ortología y métrica de la lengua castellana* (1835); *Instituciones de Derecho romano;* el *Código civil de la República de Chile* (1855); traducción del *Arte de escribir,* de Condillac (obra perdida); *Opúsculos literarios y críticos* (1883); *Opúsculos jurídicos, Opúsculos científicos, Gramática de la lengua castellana,* etc.

La revolución literaria romántica de 1842, en Chile, no fue simplemente la obra de Sarmiento, Lastarria o de la "Sociedad Literaria". Bello y el español José Joaquín de Mora fueron sus principales promotores. La extraordinaria inteligencia, el saber sólido y vario, el buen gusto y la vastedad de su obra siempre equilibrada y noble, hacen de Bello la primera figura intelectual de las Américas en el siglo XIX.

El *Discurso inaugural* de la Universidad de Chile, pronunciado por su Rector primero y vitalicio, don Andrés, sobre *Las artes y las letras,* clásico de forma y romántico de entraña, destruye la leyenda del Bello enemigo del romanticismo. Bello no se opuso a que los chilenos adoptaran el nuevo movimiento artístico: rechazaba la idea de que tuvieran que copiar a los argentinos así como éstos imitaban a los franceses. Y en la famosa "controversia del Romanticismo" (1842) defendió la necesidad de originalidad literaria de los americanos, con lo que, por lo demás, se anunciaba como lejano precursor del Modernismo.

Sarmiento y sobre todo Alberdi, en su odio antiespañol, llegaron a atacar (en forma típicamente hispánica, como apunta Unamuno) la lengua española. Bello, poeta y gramático ponderado, defiende la lengua española de Hispanoamérica y gracias a Bello el romanticismo nuestro va más allá de la copia artificiosa y se mantiene fiel a sus raíces culturales hispánicas. Valgan las palabras del sabio maestro, en el discurso citado:

"El arte! Al oír esta palabra, aunque tomada de los labios mismos de Goethe, habrá algunos que me coloquen entre los partidarios de las reglas convencionales, que usurparon mucho tiempo ese nombre: Protesto solemnemente contra semejante acepción: i no creo que mis antecedentes la justifiquen. Yo no encuentro el arte en los preceptos estériles de la escuela. . . Pero creo que hai un arte fundado en las relaciones impalpables, etéreas, de la belleza ideal: creo que hai un arte que guía a la imajinación en sus más fogosos transportes; creo que sin ese arte la fantasía, en vez de encarnar en obras el tipo de lo bello, aborta esfinjes, aserciones enigmáticas i monstruosas. Esa es mi fe literaria. *Libertad* en todo; pero no veo la libertad, sino embriaguez licenciosa en las orjías de la imaginación". (cit. por Fernando Alegría: *Orígenes de la poesía chilena,* p. 201) Dejo la ortografía usada por Bello.

Bello conocía y admiraba más a Inglaterra que a Francia,

aunque es buen traductor de románticos franceses, y su formación británica lo defiende de la exaltación desorbitada de algunos escritores argentinos que adoraban lo francés sin beneficio de inventario. Sin embargo, hay que reconocer que el argentino Echeverría había lanzado el grito de libertad creadora de una literatura nacional, en 1832.

Para subrayar aún más la "modernidad" progresista y nada "conservadora" de Bello, dice Alegría (op. cit.) : "No diré espectacularmente que Bello es también precursor del modernismo. Pero léanse estos versos y júzguese la agilidad del metro, la novedad de la frase y los efectismos de la rima:

> . . . Ya llega . . . los elegantes
> le hacen rueda; luce el rico
> bordado; en los albos guantes
> se abre y cierra el abanico.
> Y da principio la anhelada fiesta;
> y sus cien voces desplegó la orquesta . . .

La traducción castellana del *Orlando Innamorato,* de Bello, es calificada por Menéndez y Pelayo como "obra maestra" y "la mejor traducción al castellano". Tradujo también a Dumas, Voltaire y La Eneida.

La estrofa antes citada pertenece a *Los fantasmas;* tiene el tema romántico de la belleza que la muerte marchita; pero la novedosidad preciosa, el cuidado de la musicalidad y originalidad del ritmo, la variedad métrica, la figura y la rima rica, que caracterizan la revolución modernista de 1888, encuentran, evidentemente en Bello un lejano maestro.

La más famosa de sus traducciones, que es más una nueva forma del poema de Hugo que simple versión, es *La oración por todos,* que supera al original francés y que comienza:

> Vé a rezar, hija mía. Ya es la hora
> de la conciencia y del pensar profundo,
> cesó el trabajo afanador, y al mundo
> la sombra va a colgar su pabellón . . .

Y mezcla el poeta a los versos del gran romántico francés, sus propios recuerdos y dolores. Bello influyó en otros talentos de su época, en Chile, y a través de su largo magisterio y noble ejemplo, en la Universidad, el Gobierno, el periodismo y el libro. El libertador Simón Bolívar, amigo y discípulo de Bello, con quien no congeniaba mucho, ha dejado este juicio honrado del sabio humanista de la Independencia: "Yo conozco la superioridad de ese caraqueño contemporáneo mío; fue mi maestro cuando teníamos la misma edad y yo le amaba con respeto". En la ancianidad le veneraban y le amaban los corazones de todos los americanos.

Esteban Echeverría (Buenos Aires, 1805-Montevideo, 1851). Hombre de acción y de letras, pese a la opinión de Ricardo Rojas quien lo califica de literato puro. Introductor del romanticismo en el Río de la Plata, y del socialismo; enamorado del París romántico, decide a su retorno a la patria, a los 25 años, seguir a los maestros, pero en un arte nacional. Une lo culto a lo popular y la poesía sentimental a la leyenda histórica; publica poesía lírica, costumbrismo, teatro y propaganda ideológica, con facilidad algo improvisada y con intención americanista. Sus obras más importantes son: *Elvira o la novia del Plata* (1832) (el mismo año de *El moro expósito* del Duque de Rivas), *Los consuelos* (1834); *Rimas* (1837), tomo en que incluye la leyenda en verso *La cautiva,* ingenua, de verso fácil y en donde aparece una de las primeras descripciones de la Pampa Argentina; y *El matadero* su breve obra maestra en prosa. Miembro de la "Asociación de Mayo", con Alberdi y Gutiérrez, contra Rosas, es autor también de *El dogma socialista.* Imita a Lamartine en *El ángel caído. El matadero* es una de las primeras escenas costumbristas, anuncio de la vena popular realista de fines del siglo XIX.

José Joaquín Fernández de Lizardi (México, 1776-1827). La novela es el género más completo, complejo y nuevo, el último en aparecer en toda literatura, no sólo en la Hispanoamericana. Su aparición tardía nada tiene que ver con la Inquisición, censura de libros, etc. Hemos visto que los españoles de Indias leían libros "de fantasía" pese a todo. Pero una cosa es leerlos y otra componerlos. Por lo demás, en Europa, los pueblos que forman su propia lengua romance o germánica, alrededor del siglo XII, tienen que esperar hasta Cervantes, en el filo de los siglos XVI y XVII, para tener la primera novela moderna. Y se impacientan porque en tres siglos de Colonia no se han producido novelas "formales" . . . Estados Unidos no tiene novela sino hasta la época romántica, la misma época en que aparece en Hispanoamérica, en la primera mitad del siglo XIX.

La historia de la novela sigue, en España como en América, una curva semejante: romances épicos, género pastoril, libros de caballerías o crónicas de la conquista; narraciones picarescas; la novela antigua; los cuadros de costumbres (artículos y escenas) y la novela moderna o "formal". Ningún país del mundo tuvo propiamente novela antes de Cervantes. Pero ya en el siglo XIX hubo un chileno Blest Gana, que se adelanta a Galdós; la novela romántica de América es mejor que la española y en el siglo XX la novela hispanoamericana es más abundante y aun más rica que la de España.

América tuvo, en sus cronistas y poetas épicos, su primer antecesor fabuloso y heroico, de novela. Lo pastoril tuvo también sus raras manifestaciones, de escaso valor: *Los sirgueros de la Virgen* fábula mexicana de Francisco Bramón (1620) y *Fabiano y Aurelia,* novela sentimental escrita en 1750, por el padre José González Sánchez, mexicano; los libros de caballerías están presentes desde Ercilla hasta *El cautiverio feliz* de Pineda y Bascuñán y *El Peregrino* de Marcos Reynal Hernández (1750); y en la primera novela americana, *Destrucción de la Imperial* de Barrenechea y Albis. La picaresca tiene antecedentes en *El Lazarillo de ciegos caminantes* de Concoloncorvo (1773) y *El carnero* de Juan Rodríguez Fresle (1566-1640).

La primera "novela formal", como dice Luis A. Sánchez, es decir con intención y forma de novela moderna, es el *Periquillo Sarniento,* comenzada a publicar, por entregas, por Fernández de Lizardi, en 1816, en las lindes de la Independencia.

Se la ha llamado novela "picaresca", lo que suele dar la impresión de que la novelística hispanoamericana nace en el siglo XIX con los signos infantiles de la picaresca clásica del XVI. Lo cual es falso. El *Periquillo* no es una novela picaresca, aunque tenga algún parecido con la picaresca clásica; como no lo es, por ejemplo *Zalacaín el aventurero* de Baroja, o la novela "social" hispanoamericana.

El *Periquillo* corresponde al costumbrismo y el costumbrismo está en su momento propio a principios del siglo XIX, tanto en América como en España, como la manifestación nacionalista y colorista del romanticismo y su espíritu burlón y rebelde; y como anunciador de la novela realista del período posterior.

José Joaquín Fernández de Lizardi, hijo de médico pobre, bachiller en derecho y teología, notario y juez, representa al intelectual mexicano del momento de la Independencia. Con el seudónimo de "El Pensador Mexicano" este autodidacta russoniano, libertario, ironista, lucha por las ideas de la independencia en el periódico. Para ampliar su auditorio publica novelas por entregas, en las que continúa perorando y moralizando, criticando y dando consejos, desde la educación de las jóvenes hasta las ventajas de que las madres den de mamar a sus críos. Mezcla de romanticismo libertario y de racionalismo neoclásico, buen observador prerrealista y ameno, narrador en lenguaje popular, su *Periquillo* es el comienzo de la novela hispanoamericana. Se le achacan las disgresiones moralizantes que él conscientemente trata de disculpar. Pero son acaso lo más interesante del libro, para conocer las ideas de su tiempo; ya que la acción misma de la novela no tiene gran originalidad. El *Periquillo* es un gran cuadro de costumbres del México de la Independencia y un museo de ideas reformadoras comunes a los intelectuales de la época.

Publica, además: *La Quijotita y su prima* (1819), pesadísima plática sobre la educación femenina y pretexto novelístico; *Noches tristes,* imitación romántica de Young y Cadalso; y, técnicamente la mejor de sus novelas, *Don Catrín de la Fachenda* (1832) escrito socarrón, quevediano en su crítica del farsante, Quijote de la charlatanería, bien escrito, sin sermones; más cerca de la picaresca de *El Buscón* que el *Periquillo,* cuyo mérito principal es servir de documento de costumbres e ideas sociales reformistas del México de principios del siglo XIX.

El Costumbrismo. El Romanticismo produce en España principalmente poesía lírica, teatro y costumbrismo. En Hispanoamérica, poesía lírica, novela y ensayo costumbrista.

El costumbrismo nace del auge del periodismo, del sentimiento romántico de interés por lo popular y lo pintoresco y del espíritu burlón de crítica y sátira de los románticos rebeldes. En Inglaterra, Charles Mab (1775-1834), William Hazlitt (1778-1830) y el Dickens de *Sketches by Boz* (1834-36), marcan los comienzos del género. Mdme. De Stäel, en Francia, con su ensayo *De la literature considerée avec ses rapports avec les institutions sociales* (1800), al defender la necesaria sustitución de la literatura clásica por una más "caballeresca", señala a los románticos que las letras de los países meridionales es más pintoresca que la de los países nórdicos. En España, en 1831, Estébanez Calderón en *Cartas españolas* publicó su primer "artículo de costumbres" y el mismo año Mesonero Romanos publica su *Manual de Madrid. Descripción de la Corte y Villa.* Mesonero había publicado ya en 1820, *Mis ratos perdidos, o ligero bosquejo de Madrid en 1820 y 1821,* diez años antes de sus conocidas *Escenas matritenses* (1842).

Los "sketches of costums and manners" del inglés Addison y de Jouy en Francia pusieron tan de moda el género que todos los periódicos sintieron la necesidad de no poder prescindir de ellos. Henri Monjnier publicaba en París sus *Scenes populaires.*

En 1832 comienza a publicar sus artículos de costumbres "Fígaro", o "El pobrecito hablador", uno de los más célebres costumbristas de lengua española, el joven Mariano José de Larra (1809-1837). Con Mesonero, Estébanez y sobre todo Larra, el costumbrismo se populariza enormemente en el mundo de habla española. Y esta tríada, sobre todo Larra, serán los modelos de los costumbristas de América. En 1843 se publica una antología costumbrista, *Los españoles pintados por sí mismos* a imitación de *Les français peints par êux mêmes* (1840) y *Heads of the People or Portraits of the English*

(1840). Sigue una serie interminable de . . . "pintados por ellos mismos", o ellas mismas: *El álbum del bello sexo o las mujeres pintadas por sí mismas* (Madrid, 1843). A estas pinturas se agregan los americanos: *Las mujeres españolas, portuguesas y americanas* (Madrid, 1872-76) o *Los hombres españoles, lusitanos y americanos* (Barcelona, 1882?). Y tal como Fernán Caballero (*Novelas de costumbres*) estos cuadros de costumbres, también en América, llevarán a los narradores a la novela realista.

La realidad de la América independiente era campo propicio para la pintura de los escritores que descubren la poesía pintoresca de lo nacional o que, siguiendo a Larra, con la sátira quieren corregir males sociales que son brotes espontáneos de las nuevas circunstancias, o rémora de las antiguas. El costumbrismo de América tiene un vigor extraordinario, hasta el punto de que el pintoresquismo inicial del costumbrismo romántico se queda en algunos escritores hasta una época en que ha dejado de existir el costumbrismo en los demás países y en Europa.

Vicente Pérez Rosales (Chile, 1807-1886). De ilustre familia de intelectuales, aventurero de joven, uno de los primeros en el Gold Rush de California, se convierte en funcionario modelo, Cónsul de Chile en Hamburgo, y excelente organizador de la inmigración alemana al sur de Chile, acaso la única inmigración bien organizada a América. Minero, agricultor, ganadero, según los casos, escribió en Alemania un *Ensayo sobre Chile,* para preparar la inmigración al país. Pero su obra por antonomasia son sus *Recuerdos del Pasado,* uno de los libros mejor escritos de América: mezcla de ensayo, biografía y cuadro de costumbres que se lee hoy con la misma apreciación de la amena vividez con que se leyó en su tiempo.

Inferiores en calidad artística, se publican también por ese tiempo las *Memorias de treinta años* del general José Zapiola organizador de bandas militares y autor de la popular *Canción de Yungay,* en honor del triunfo chileno en la primera campaña del Perú.

José Joaquín Vallejo (*Jotabeche*), Chile 1811-1858. Es el primero y más grande de los costumbristas chilenos, uno de los más originales discípulos de Mariano José de Larra, de este lado del Atlántico. J.B.CH., iniciales de un amigo suyo, emigrado argentino de Copiapó, ciudad natal de nuestro escritor, le han hecho famoso. El "Larra chileno", apodo que recuerda su devoción por el romántico español, y a la vez, el agridulce sabor de su ingenio, escribió primero virulentos artículos de prensa, en toda clase de polémicas, políticas o literarias. En la famosa controversia del romanticismo, del argentino Vicente Fidel López contra Bello, Jotabeche que tomó la defensa del maestro, llamó a los argentinos románticos, "loros románticos". Sarmiento, indignado, reconoce paladinamente que J. J. Vallejo era "el rival más formidable que se alzó en la prensa . . . Tanto talento ostentaba en sus ataques, tan agudo era su chiste incisivo, que hubiera dado al traste con mi petulancia . . ." (cit. por Montes-Orlandi: *Historia de la literatura chilena,* 1955).

Pasada la violencia juvenil, Jotabeche se dedica a la pintura de las costumbres sociales y a la crítica tranquilamente amarga. Mientras Sarmiento fue el primero en escribir un cuadro de costumbres sobre el "huaso" chileno, Jotabeche inaugura el interés por el tipo y las labores del minero, que conoció de cerca en el norte chileno.

Su pintura del "siútico" provinciano, es el claro antecedente de la novela realista de Alberto Blest Gana. Su estilo, gracias en parte a su lectura apasionada de Larra, es terso, castizo y casi clásico. En su famoso artículo "Clásicos y románticos", en defensa de Bello, establece el criterio del maestro sobre las excelencias de la originalidad literaria contra la imitación. Jotabeche inicia el costumbrismo chileno, con sus artículos en *El Mercurio* de Valparaíso, desde 1841.

La naturalidad del estilo, y la agudeza de su ingenio lo han constituído en el autor décimonono cuya lectura ha sido más continuada por las generaciones posteriores. Su ironía tiene todos los matices, desde la fuerte evocación de las desgracias del minero, "excluído de la especie humana" a la crítica de la burocracia de papeletas y hasta la finura de su crítica al bello sexo: "El bello sexo de Copiapó, es como el bello sexo de todas partes, con lo que creo hacer su elogio . . . Quién es el desgraciado que, bajo cualquier clima que las haya visto, no ha encontrado en su trato los encantos de uso y costumbres, los atractivos de tabla y las calenturas de cabeza, sin las cuales no se puede vivir en medio de ellas? . . ." Jotabeche, romántico y buen observador de la realidad, escéptico y mordaz, es el precursor del cuento y la novela moderna hispanoamericana, especialmente de la llamada de tipo "social".

Domingo Faustino Sarmiento (Argentina, 1811-1888). Sarmiento y Bello son los nombres más ilustres de las letras y de la vida hispanoamericana del siglo XIX. No tan opuesto el uno al otro como quiere la leyenda. Preocupados ambos por la educación de las nuevas repúblicas. Bello es el maestro universitario y Sarmiento el maestro del pueblo, con su misión temprana y constante en la escuela primaria y las Escuelas Normales para preceptores. La primera de América, la de Chile, fue fundada y dirigida por el oscuro y joven refugiado argentino, bajo la vidente presidencia de don Manuel Montt. La leyenda ha exagerado también el autodidactismo de Sarmiento. En realidad, entró a la escuela a los 5 años y además tuvo magníficos maestros en casa, en sus dos tíos maternos sacerdotes, don José de Oro y don José Albarracín. Su padre, a quien apodaron "Madre Patria", por sus servicios a la Independencia, le inculcó el gusto por la lectura desde muy niño.

Nacido menos de un año después de la Declaración de la Independencia argentina, Sarmiento identifica su vida con la de las nacientes repúblicas y especialmente con el porvenir de Argentina. Maestro en Chile y en su patria, encargado de misiones educacionales por Chile en Europa y los Estados Unidos, soldado, embajador, Presidente y Senador, Sarmiento está siempre escribiendo como quien habla en alta voz.

"En mi vida —dice— tan destituída, tan contrariada, y sin embargo, tan perseverante en la aspiración de un no sé qué elevado y noble, me parece ver retratarse esta pobre América del Sur, agitándose en su nada, haciendo esfuerzos supremos por desplegar las alas, y lacerándose a cada tentativa contra los hierros de la jaula que la retiene encadenada".

Sus alas son las de la libertad, la jaula la tiranía de Rosas y otros caudillos que han impuesto a casi toda América su poder; menos a su refugio de Chile, en donde desterrado tres veces escribe y publica casi todos sus libros y sus artículos periodísticos. En el periodismo Sarmiento hace costumbrismo también, y es él primero en pintar al "huaso" o caballista de los campos chilenos. En sus grandes obras, difícilmente clasificables, pero que se acercan más al ensayo, porque siempre está vertiendo en ellas Sarmiento el mensaje de sus ideas, y su voluntad insobornable, sigue retratando la tierra de América, y sobre todo, su tierra argentina.

Enemigo muy español de lo español, en perfecto idioma castizo, adora lo francés y quisiera copiar todo lo norteamericano, desde la República y la enseñanza hasta . . . los "funeral homes", macabros. Amigo de Horace Mann, de Emerson, de Longfellow, sigue a Fenimore Cooper en la descripción de las fronteras de la civilización y barbarie. Franklin es para él el símbolo del progreso republicano del Norte.

Resumiendo su vida, inseparable de sus escritos, dice el viejo Sarmiento: "Partiendo de la falda de los Andes nevados, he recorrido la tierra y remontado todas las pequeñas eminencias de mi patria. Al descender de la más elevada, me encuentra el viajero, sin las haces de los lictores, amasando el barro informe con que Dios hizo el mundo, para labrarme tierra y mi última morada. No se describirá con menos frase vida más larga . . . Dejo tras de mí un rastro duradero en la educación, y columnas miliarias son los edificios de escuelas que marcarán en la América la ruta que seguí.

"Hice la guerra a la barbarie y a los caudillos, en nombre de ideas sanas y realizables y, llamado a ejecutar mi programa, si bien todas las promesas no fueron cumplidas, avancé sobre todo lo conocido hasta aquí en esta parte de América.

". . . Nacido en la pobreza, criado en la lucha por la existencia, más que mía de mi patria, endurecido en todas las fatigas, acometiendo todo lo que creí bueno, y coronada la perseverancia con el éxito, he recorrido todo lo que hay de civilizado en la tierra y toda la escala de los honores humanos, en la modesta proporción de mi país y de mi tiempo; he sido favorecido con la estimación de muchos de los grandes hombres de la tierra; he escrito algo bueno entre mucho indiferente; y sin fortuna, que nunca codicié, porque era bagaje pesado para la incesante pugna, espero una buena muerte corporal, pues la que me vendrá en política es la que yo esperé, y no deseé mejor que dejar por herencia millares en mejores condiciones intelectuales, tranquilizado nuestro país, aseguradas sus instituciones y surcado de vías férreas el territorio, como cubiertos de vapores los ríos, para que todos participen del festín de la vida, de que yo gocé sólo a hurtadillas".

Este magnífico testamento de un hombre, todo un hombre, bueno y tenaz, sincero y perseverante, grande y sencillo, es además un trozo de magnífico estilo del cofundador, con Bartolomé Mitre, de la República Argentina unida.

Obras: Acaso la más interesante de las obras de Sarmiento esté perdida: *Diálogo entre un ciudadano y un campesino,* en que Sarmiento es el ciudadano y su tío y maestro, José de Oro, "el campesino", dejaron el documento de sus charlas formadores del espíritu del autor. En 1843, en Chile, escribe *Mi defensa;* en 1845, en "El Progreso" periódico de Santiago, publica la *Vida de Fray Félix Aldao,* terrible guerrillero de cuya orden de fusilamiento escapó apenas Sarmiento; en 1845, *Facundo, civilización o barbarie,* vida de Facundo Quiroga compañero y víctima de Rosas; su obra máxima. En 1849 *Viajes* y *Educación popular, informe al Gobierno de Chile;* en 1850: *Recuerdos de provincia,* su libro mejor escrito; y *Argirópolis;* en 1866 la *Vida de Lincoln; El Chacho, último caudillo de los llanos* y *Las escuelas, base de la prosperidad y de la República en los Estados Unidos.* En 1865 pronunció su famoso *Discurso en Rhode Island,* sobre la doctrina Monroe; en 1867 tradujo la *Vida de Horace Mann;* en 1883, *Campaña del Ejército Grande;* en 1886,

Vida de Dominguito, su hijo adoptado, muerto en la guerra contra el Paraguay; y dejó inconclusa su última obra *Conflictos y armonías de las razas en América,* algo repetida e inferior.

Facundo es uno de los mayores clásicos de América. Ensayo, biografía, novela, costumbrismo; de estilo disparejo contiene arranques sublimes y descripciones magníficas, sobre todo en la primera parte, en que Sarmiento da los mejores cuadros de la literatura gauchesca.

Como Cervantes escribió para terminar con la andante caballería el mejor libro de caballerías, Sarmiento que veía en el gaucho el símbolo de la barbarie, ha escrito la mejor obra gauchesca sin conocer entonces la pampa y mostrando, en una vigorosa naturaleza, las buenas cualidades del gaucho. Pero al mismo tiempo fija las bases para un gobierno de democracia, régimen de derecho y de libertades civiles, contra el naciente caudillismo de la "Gauchocracia" que tantos trastornos ha causado en la América Hispánica.

La novela romántica. La novela romántica hispanoamericana, abundante y algo obliterada por los historiadores, ha producido las primeras grandes novelas de América.

La novela romántica presenta en América tres tendencias: a) la novela *histórica,* que tiene por modelo a Walter Scott; b) la novela *indianista,* que sigue las huellas de Chateaubriand y c) la novela *sentimental* o romántica pura, lírica, sobre la pauta de Musset (*La confesion d' un enfant du siècle*) o de *Paul et Virginie.* La novela romántica americana supera, con mucho, a la española.

La primera novela romántica escrita en América es *Cecilia Valdés* del cubano Cirilo Villaverde, lector de Scott y de *I promessi sposi* de Manzoni. A semejanza de *La Gaviota* de Fernán Caballero, la de Villaverde, es una hermosa novela que se lee con gusto aun hoy día, con un fondo romántico, y elementos costumbristas y hasta naturalistas, de tendencia social, avanzada para la época. La Primera Parte se publicó en 1837; pero la segunda, en donde muestra evolucionadas las tendencias al realismo, y la tercera, se publican sólo después de su muerte, en 1897. En 1838 un costumbrista cubano, Suárez Romero, publica *Carlota Valdés* y en 1841 aparece *Sab* de la poetisa cubana Gertrudis Gómez de Avellaneda y en 1880, *Francisco o El ingenio, o las delicias del campo,* del cubano Francisco Manzano. Es un grupo de novelas antiesclavistas; y la de Villaverde precede en quince años a la famosa *Uncle Tom Cabin* de la norteamericana Harriet Stowe.

La novela histórica. Amalia, de José Mármol.

José Mármol (Argentina, 1817-1871). Otro ilustre desterrado de Rosas que lanza sus sonoros versos contra el tirano, desde su exilio de Montevideo. En verso publicó *Cantos del peregrino* (1846) y *Armonías* (1851). Su poema más conocido es su *A Rosas, el 25 de mayo* (1843):

> . . . como hombre te perdono mi cárcel y cadenas,
> pero como argentino, las de mi patria, no!

Pero su obra más importante es su única novela (muchos de nuestros románticos son autores de una sola novela): *Amalia,* novela histórica típicamente romántica, en la que enlazan los amores de dos parejas patriotas con los acontecimientos argentinos durante la tiranía de Rosas y las conspiraciones para derribarle. *Amalia* es la novela americana más famosa hasta la aparición de *María,* a fines del período. La Primera Parte apareció en 1851, a la caída del tirano y la obra completa, en 1853. Pero fue escrita durante el destierro, en 1844. Mientras la novela histórica inglesa tomaba sus temas de la Edad Media, la imaginación americana tiene demasiado tema en la época contemporánea, de revoluciones y luchas por la libertad, para buscarlos en épocas distantes. Aunque Mármol escribe sobre sucesos contemporáneos, emplea, sin embargo, en su narración el tiempo pasado, para dejar la obra como testimonio histórico a la posteridad.

Muchos historiadores han relegado *Amalia* a la categoría de simple fecha histórico-literaria, la de la primera novela americana digna de ese nombre, Pero, si se la lee y analiza hoy, la obra de Mármol no cede en nada a las del modelo escocés; la pintura de sus personajes históricos, como Rosas y su hija Manuelita o su hermano doña Xaviera, y algunos de los actores secundarios del drama, como Cuitiño el "mazorquero" y la pintura de sus héroes, Amalia y Eduardo Belgrano, no sólo nos dejan la impresión de un documento vivo, sino la de una creación artística convincente. Su estilo, pese a la grandilocuencia de sus disgresiones y prédicas, inevitables en el escrtor que condena el régimen que retrata, la época de terror del "Restaurador de las leyes", común a los escritores de la época, es un estilo correcto, flúido y eficaz. Al lado del documental histórico bastante fiel, un cuadro humano de amor y de angustias, de terror y de esperanzas, de aciertos cómicos y desenlace trágico, dejan a *Amalia* muy por encima de las muchas imitaciones en la América de su tiempo. Sólo la obra de Mármol queda, como valor permanente en la literatura hispanoamericana, de las novelas históricas del romanticismo; ésta y acaso, la del boliviano Aguirre.

En la novela histórica sobreviven, sin embargo, con cierto valor literario aunque inferiores todas a *Amalia: Juan de la Rosa,* del boliviano Nataniel Aguirre; *Gil Gómez el Insurgente,* del mexicano Juan Díaz Covarrubias; *El capitán de patricios,* del argentino Juan María Gutiérrez; *La loca de la Guardia* de su compatriota Vicente Fidel López; *Curamurú,* primera novela gauchesca del uruguayo Alejandro Magariño Cervantes y *El inquisidor mayor* del chileno Manuel Bilbao, hermano de Francisco el polemista.

La novela lírica: María, de Jorge Isaacs.

Jorge Isaacs (Colombia, 1837-1895). Poeta colombiano, hijo de padre anglo-hebreo de Jamaica, amigo del poeta romántico Julio Arboleda, y padrino de Elvira la hermana famosa del premodernista José A. Silva, fue cónsul de su patria en Chile en 1870, cuando ya habían producido novela romántica, y realista, los hermanos Blest Gana y Luis Orrego Luco. En el Perú conoció a Ricardo Palma y luego distribuyó su vida entre la educación y breves pasos por la política de su patria, y la vida del campo. Allí escribió *María* con notas autobiográficas. *"María* —escribe el autor— era hija de mi tío Salomón (tío Jorge y Clementina Isaacs) y de Sara. Murió poco después de su llegada a Jamaica".

En trance de muerte, el poeta romántico y político liberal, responde al sacerdote que le preguntaba: "¿Creéis en Jesucristo?": "Soy de su raza; creo en Él y en sus Evangelios y espero Su misericordia". Tenía 58 años.

María, su única novela, es una novela única en América. Romántica y realista en cuanto al contenido, autobiográfica y poética, costumbrista y dramática, de estilo premodernista, es una breve obra maestra. La mejor novela hispanoamericana del siglo XIX. No hay en ella ni el feísmo naturalista de la época, ni la trivial sensiblería de sus imitadores. El drama impresionó a la juventud americana; más tarde en la vida se la relee para regustar la descripción lírica y el estilo natural y terso.

El tema de *María* es el fatalismo romántico del amor imposible. Pero María no muere de amor (como las heroínas románticas) sino de enfermedad bien diagnosticada (realismo médico). La trama es natural y parece el relato de algo vivido, como lo fue en parte, por el poeta del Auca. El estilo es nítido, elegante, sencillo y melancólico; apropiado, con bien aprendidas lecciones del Modernismo incipiente, como la prosa de *Platero y yo* o de *El niño que enloqueció de amor.* Es la primera novela "clásica" de América española, revalorada por la crítica más reciente.

La diafanidad cristalina de su estilo sugiere la tesis antiesclavista en cuadros costumbristas poéticos, como la Salve de los esclavos negros; y al mismo tiempo que es *María* una de las dos novelas regionales más auténticas de Colombia, con *La Vorágine,* es un relato humano que bien pudo conmover los corazones en cualquier otro punto de la tierra. José Eustasio Rivera, otro poeta novelista, tiene por personaje a la selva. *María* no es "novela de la tierra": es novela del alma. Sus paisajes, por primera vez en Hispanoamérica, no son los telones artificiales de una América fantástica copiados de los románticos franceses, son paisajes auténticos de la tierra colombiana que riega el Magdalena. Y en este precursor de la novela psicológica modernista, el paisaje real comulga con los estados de ánimo de los personajes. El final, sobrio, de la visita a la tumba de María, es de una mesura clásica y de profundo aliento poético, que queda flotando como el recuerdo de la dulce María, sobre el final de la lectura. Tuvo legión de imitadores; pero *María* destaca sola.

La novela indianista: Cumandá, de Juan León Mera.

El exotismo que busca el autor romántico no tiene el hispanoamericano que ir a buscarlo muy lejos de su tierra. Así como el pasado histórico inmediato funda la novela histórica nuestra, y en el propio paisaje lírico de nuestra América alienta la novela sentimental, el exotismo de la fantasía romántica tiene en América su tema natural en el Indio. El indio idealizado por los misioneros cronistas y que enseñó a Cervantes el elogio de sus "siglos de oro" y a Rousseau su leyenda del salvaje libre y feliz.

La narración romántica del indio americano arranca, naturalmente de *La Araucana* de Ercilla. El teatro colonial había ya aprovechado algunas leyendas indígenas, como el *Ollantay* y *Siripo*. En 1832 la leyenda de Netzula, india azteca, es utilizada por José M. Lagragna; y la poetisa cubana Gertrudis Gómez de Avellaneda había publicado, en 1846, su drama mexicano *Guatimozín*. Eugenio María de Hostos, en 1863, publica un ensayo de novela indianista puertorriqueña, *La peregrinación de Bayoán* y el mexicano Eligio Ancona dará a la novela indianista la forma de diatriba antiespañola con *La cruz y la espada* (1866) y *Los mártires de Anáhuac* (1870); actitud que contradecirá el dominicano Manuel de Jesús Galván, con su novela indianista-realista *Enriquillo,* que es el mejor relato histórico del fin de siglo. *Aves sin nido* de la peruana Clorinda Matto de Turner, más que novela indianista, cae bajo el rubro de novela naturalista de tinte social (1889). Pero a esa fecha ya el realismo de Chile había creado la novela moderna hispanoamericana.

Huincahual, novela araucana del chileno Alberto del Solar, hijo de la poetisa Mercedes Martín del Solar, elogiada por Bello y por Menéndez y Pelayo como precursora delicada del romanticismo lírico, constituye la última novela indianista romántica (1888, el año de *Azul*). Tiene un tema parecido a *La Cautiva* de Echeverría y a los episodios de Glaura, en *La Araucana.*

Juan León Mera (Ecuador, 1832-1894). Nacido en Ambato, patria de Montalvo; polemista conservador contra el cervantista liberal, poeta y primer historiador de la literatura ecuatoriana, es autor de: *Melodías indígenas* (1858), *La Virgen del sol* (1861), leyendas zorrillescas en verso. En 1871 publica su novela indianista poemática *Cumandá,* sobre el trágico amor de una mestiza. Como en *Tabaré* de Zorrilla de San Martín, y en casi toda la literatura indianista, el protagonista no es el indio puro (como en la mayoría de las novelas indigenistas actuales); sino el mestizo, que encarna el drama indo-europeo, la presión, la crisis, de la fusión de dos razas violentas. En la romántica *Cumandá,* por lo general los indios son buenos y los blancos son malos: el mestizo es la víctima en la tragedia. El estilo lírico, el fatalismo de la complicada trama, la belleza de la descripción de una naturaleza un tanto idealizada, hacen de *Cumandá* el mejor clásico de la novela indianista americana.

Don Juan Valera (*Cartas Americanas,* 1889) escribía al autor: *"Cumandá* es una preciosa novela. Ni Cooper ni Chateaubriand han pintado mejor la vida de las selvas ni han sentido ni descrito más poéticamente que usted la exuberante naturaleza, libre aun del reformador y caprichoso poder del hombre civilizado".

Ricardo Palma y el cuento hispanoamericano. Los relatos románticos terminan, a fines del siglo, con la aparición del cuento en la forma original de "tradiciones". El creador del género es el escritor peruano Ricardo Palma (1833-1919). Precedieron a los costumbristas: José Batres Montufar (1790-1841) con sus *Tradiciones de Guatemala,* que son en realidad leyendas románticas y las escenas realistas de *El matadero* de Echeverría.

A fines del siglo XIX aparecen las *Tradiciones peruanas,* de Ricardo Palma; entre 1833 y 1919; las *Tradiciones mexicanas* de Vicente Riva Palacio (1832-1896) y los *Relatos argentinos* de Paul Groussac (1848-1929). Les siguen las series de *Leyendas y episodios,* del chileno Aurelio Díaz Meza (1888-1932) ; las *Tradiciones serenenses* de su compatriota Manual Concha (1883). Pero Palma es el maestro de las tradiciones y el padre del cuento hispanoamericano, uno de los géneros más ricos en nuestra literatura contemporánea.

Palma, es clásico de formación y estilo, quevedesco de ironía irreverente, romántico por la pasión del tema histórico colonial, picaresco y realista por la forma como retrata, cuasi modernista por la época y la paternidad del cuento corto y fantástico de los modernos.

Autor de transición, como el colombiano Tomás de Carrasquilla mientras éste será un realista modernizante, Palma arranca del clasicismo y es un romántico que anuncia el realismo. Hasta los 40 años de su vida, Palma escribía versos, como su hijo que será amigo de Rubén; el padre, admirador de Zorrilla es españolísimo en lo castizo del estilo y en el amor a lo colonial peruano.

Sus "tradiciones" son cuentos muy cortos de evocación histórica, "género que es romance y no es romance, que es historia y no es historia . . . La forma ha de ser ligera y regocijada como unas castañuelas . . . Bien haya, repito, la hora en que me vino a las mientes el platear píldoras y dárselas a tragar al pueblo, sin andarme en chupaderitos ni con escrúpulos de monja boba. Algo, y aún algos, de mentira y tal cual dosis de verdad, por infintesimal u homeopática que ella sea, muchísimo de esmero y pulimiento en el lenguaje, y cata la receta para escribir Tradiciones". (cit., por Torres-Rioseco, op. cit. p. 97).

El primer volumen apareció en 1872. En 1906 publicó otra serie titulada *Mis últimas tradiciones;* pero no fueron tales, pues en 1910 dió a luz su *Apéndice a mis últimas tradiciones* y en 1918 *Las mejores tradiciones peruanas*. El romanticismo descubrió temas nativos; el modernismo les dará originalidad. Palma, sin imitar a nadie, escribe como un clásico precursor de la narración moderna; romántico, es creador del cuento moderno, con una sal y picardía y una perfección de estilo difícilmente igualables.

El Ensayo. Juan Montalvo (Ecuador, 1832-1889). Montalvo es el mejor estilista entre los ensayistas de la época. Como Palma, es un clásico por la forma y un liberal romántico por el fondo. Como León Mera, su contrincante en la polémica y Jorge E. Adoum, el épico ecuatoriano actual, nació en el pueblecito cordillerano de Ambato. Como casi todos los intelectuales ecuatorianos, es exageradamente partidista hasta la violencia, pese a la pureza lingüística y el clasicismo de su prosa. De asombrosa memoria, autodidacta pese a su breve paso por la Universidad de Quito, llegó al dominio de cuatro lenguas: francés, italiano, latín y griego, sobre la maestría que luce en el castellano, especialmente de esa novela-ensayo, atrevido milagro lingüístico, que se llama *Capítulos que se le olvidaron a Cervantes* (1882). Su mérito está en el estilo. En sus ensayos *Siete Tratados* (1872-73) sobre la línea de Bacon, sus ideas no pasan del añejo racionalismo de los románticos nuestros que se iban acercando al positivismo sin advertir su contradicción con la filosofía del siglo XVIII que profesaban, más por instinto "liberal" que por estudio serio. Religioso a lo Renán, virulento a lo Voltaire, es, sin embargo, el más tradicionalista de todos los escritores de su tiempo.

En la vida política del Ecuador, se opuso constantemente al presidente conservador Gabriel García Moreno, otro pulido escritor y orador elocuente. De ellos escribe el ensayista colombiano Baldomero Sanín Cano: "Eran dos firmes caracteres, dos aceradas voluntades, dos claros cerebros, dos hombres eminentes. Aquel escritor liberal y aquel repúblico teocrático, que tanto se odiaron, pudieron tener conceptos opuestos de la vida y del gobierno, antagónicos pareceres respecto a la organización de las sociedades; pero coincidían en la sinceridad de su propia opinión, en el valor con que bregaron por sus convicciones, en la fuerza para defender o servir sus ideas, en el talento con que procedían. Ambos fueron espíritus severos, hombres incorruptibles, paladines apasionados. Ambos tuvieron la vocación del proselitismo. Ambos fueron apóstoles. Ambos moralistas, cada cual a su modo". (cit. por Scarpa: Lecturas americanas, *Zig-Zag,* Santiago, 1944).

Hasta en los títulos de los *Tratados* imita Montalvo a los de Bacon: *De la belleza en el género humano (Of beauty)* ; *De la nobleza (Of nobility)*, etc. En *Réplica a un sofista católico* se confiesa católico al luchar contra sus católicos contrincantes, a quienes aplica el epitafio que cita en sus *Viajes* el Obispo de Salisbury: "Propasándose en lo piadoso dió en impío". Pero el gran tema de Montalvo, como de todos los ensayistas hispanoamericanos, es la Libertad. Y cuando en medio de sus denuestos a los católicos ecuatorianos, le acusan de anticatólico, responde airado: "Pudiera yo honrarme con el silencio respecto de cargo tan gratuito como temerario, de afirmar que soy enemigo de Jesucristo, yo que no puedo oír su nombre sin un delicado y virtuoso estremecimiento de espíritu, que me traslada como por ensalmo al tiempo y a la vida de ese hombre celestial. Enemigos, no los tiene Jesucristo ¡los malos cristianos, los católicos de mala fe son los que los tienen!"

Como Galdós es un espiritualista desorientado entre el racionalismo decadente y el positivismo que avanza; pero anclado tradicionalmente en lo cristiano, aunque perturbado por los procederes de algunos católicos de su tierra. A veces pierde el decoro y llega al insulto. Pero su prosa, demasiado grandilocuente para el gusto moderno, tiene ordinariamente el paso majestuoso y sereno que él admiraba en los romanos clásicos.

Del Romanticismo al Positivismo: el Ensayo

En 1844 Augusto Comte publica, en Francia, su *Discurso sobre el espíritu positivo*. Es partidario de la "dictadura empírica". En su *Curso de filosofía positiva,* propone la Sociología como la suprema ciencia antropológica, por ser la más compleja y señala las tres eras de la Historia: la era religiosa o teológica (Antigüedad) la era metafísica o filosófica (Era Moderna) y la Era positiva o científica (la actual y del futuro). Esta era se funda en la Ciencia positiva, que ha de traer, mediante la nueva "Religión de la Humanidad", reemplazando las tradicionales religiones históricas, la paz y la prosperidad del género humano. Mal profeta Monsieur Comte.

El Positivismo desconfía, fundamentalmente, de la razón, la metafísica; la filosofía es substituída por las Ciencias positivas y lo que queda fuera de su capacidad es objeto de indiferente escepticismo. Su sistema no se preocupa del *por qué,* el *para qué,* ni *el qué,* o esencia de las cosas; tal como las ciencias físico-químicas en auge en el siglo XIX, se contenta sólo con describir *el cómo* de las cosas. No hay leyes universales: las leyes son relativas al desarrollo de cada pueblo o cada época. El Positivismo, que es la filosofía antifilosófica, característica de la segunda mitad del siglo XIX, tiene enorme crecimiento en Europa; y en las Américas, Norte y Sur sigue contando todavía con rezagados cofrades entusiastas.

En un futuro ensayo, sobre El Pensamiento de Hispanoamérica, espero tener más espacio y despacio para señalar las raíces originales del pensamiento hispanoamericano. Este sigue de lejos, sin exclusivismos, sino más bien con una especie de ecléctica desconfianza, las corrientes del pensamiento europeo. Del Racionalismo clásico, el salto al énfasis romántico fue breve y confuso, debido a la circunstancia de la Independencia. Junto al mito de "la Ley", común a los patriotas americanos del Norte y del Sur, al crear sus Constituciones políticas, el Romanticismo de la libertad y hasta la anarquía se apodera de los ex-revolucionarios y hasta imitan las posturas físicas y morales de Lord Byron y de Napoleón. El romanticismo fue el signo de la crisis revolucionaria. Los organizadores de repúblicas y los encargados de fundamentar una educación liberal que sustituyera la tradición española escolástica-católica, admiradores de los progresos de los angloamericanos, en busca del empirismo práctico, coincidieron, más que imitaron, con el Positivismo francés. Ya al final del *Facundo* se mencionan las "ciencias sociales".

El siglo XIX es el siglo del Positivismo. Y cuando apenas había oído mencionar a Comte, el chileno José Victorino Lastarria según propia confesión en sus *Recuerdos literarios,* plantea una sociología de tipo positivista, para explicar la sociedad hispanoamericana.

En una segunda etapa, los "fundadores" de la filosofía hispanoamericana, Varona (Cuba), Deustúa, (Perú), Caso (México), superan el positivismo, desechan la ingenuidad del "progreso indefinido" y de "la religión de la Humanidad", que ridiculizaba Galdós en *Torquemada en la hoguera.* Los ensayistas —o más bien tratadistas— chilenos de la era positivista se interesan por temas distintos que los colegas argentinos y se asemejan más a los mexicanos. Son maestros y políticos más que filósofos o sociólogos puros. Al mismo tiempo, frente a esta corriente liberal y positivista, se destacan algunos nombres importantes que defienden la corriente tradicional.

José Victorino Lastarria (Chile, 1817-1888). Reparte su vida entre la política y la cultura. Filosofa sobre las teorías de su propia actividad. Comienza su carrera a los 23 años y es el iniciador del Positivismo en la América del Sur, en rebelión contra su maestro Bello; pero sigue siendo uno de los grandes escritores románticos del período. Sus ideas comprenden todavía las de los enciclopedistas franceses del siglo XVIII: es lector de Rousseau, Montesquieu, Raynal, Diderot; leen también a los Jansenitas franceses y a Helvetius y Holbach. Discípulo de José Joaquín de Mora, en el Liceo de Chile (1830) y de don Andrés

Bello en la Universidad de Chile (1843), fue profesor de esta universidad del Estado. Lastarria es el primer sociólogo jurídico de Hispanoamérica. Para él, la educación, como para Sarmiento y Justo Sierra, es un instrumento político. El Estado debe, mediante la educación, crear las condiciones para la moralidad pública y privada. Deísta, liberal ortodoxo, positivista original, admiraba a los Estados Unidos; pero sostenía que América deba darse a conocer a Europa y aprender, a su vez, de Europa, su cultura. Antihispanista, se traga la "leyenda negra"; pero rechaza las ideas religiosas de Comte, "por amor a la libertad". Romántico y antiromántico, racionalista y positivista, marcó la enseñanza jurídica de Chile de un positivismo del que todavía lucha por desasirse. Por eso aparecen pocos filósofos del Derecho, en el país; y en cambio hay una legión de sociólogos y de especialistas en las diversas ramas del derecho positivo. Principales Obras de Lastarria: *Investigaciones sobre la influencia social de la Conquista; Recuerdos literarios* (su obra mejor escrita e interesante); *La América* (I Parte, Buenos Aires, 1865; II Parte en Gante, Bélgica, 1867); *Bosquejo de la Constitución del Gobierno de Chile; Elementos de Derecho público; Curso de Política positiva,* etc. Como cuentista y costumbrista: *Manuscrito del Diablo, Novelas y cuentos,* reunidos en volúmen en 1913.

Valentín Letelier (Chile, 1853-1919). Profesor de Derecho y sucesor de Bello en la rectoría de la Universidad, continúa la enseñanza positivista de Lastarria y condensa, en una obra fecunda, treinta años de trabajo inductivo, de estudio erudito y expone sus teorías con científica modestia, como simples "hipótesis". Su obra monumental: *Génesis del Estado y de las instituciones fundamentales* (1917); *Génesis del Derecho y de sus instituciones fundamentales* (1919). Dejó inconclusa la tercera parte de esta trilogía social: *La ciencia política.* Se muestra discípulo de Comte, Summer Maine, y sobre todo Durkheim, principal expositor del evolucionismo sociológico francés. Pero critica la escuela organicista y sostiene que la evolución de los hechos sociales implica la acción específicamente humana de la voluntad *libre*. De vastísima erudición, es una especie de Montesquieu chileno, y uno de los primeros sociólogos de América.

Rafael Fernández Concha (Chile). Jurista, abogado, sacerdote, filósofo y estilista, publicó en 1887 su célebre *Tratado de filosofía del derecho* cuya primera edición se agotó —cosa extraordinaria— en un año. El tratado, en dos volúmenes, fue reeditado en 1888. Luego publica: *Derecho público eclesiástico*, una *Teología mística* y una enciclopedia compendiada, *El Hombre*, que abarca la antropología natural y la sobrenatural. Fernández Concha representa en América el más sólido y elocuente defensor de la filosofía tomista en medio del auge positivista. Sus libros todavía suelen usarse como texto básico en algunas universidades sudamericanas.

Justo Sierra (México, 1848-1912). Literato, periodista, profesor, historiador y hombre público, rector de la Universidad Nacional de México, evoluciona del positivismo comtiano hacia un escepticismo desencantado. Convencido de que a México le hacía falta disciplina, fue partidario de la dictadura de Porfirio Díaz. En su *Discurso inaugural* de la Universidad, en 1910, definió sus funciones diciendo : "La verdad se va definiendo: buscadla!" Obras: *Evolución política del pueblo mexicano; Benito Juárez; Prosas* (selección de A. Caso).

Antonio Caso (México, 1883-1946). Discípulo del maestro del positivismo mexicano, Gabino Barreda, y de Justo Sierra; abogado profesor, diplomático, pertenece, con Alfonso Reyes, José Vasconcelos y el dominicano Pedro Henríquez-Ureña al Ateneo de México de 1908. Positivista en sus primeros años de labor, por la influencia de Bergson entre otros, supera y condena el positivismo. La filosofía, para él, es tarea infinita, siempre inconclusa. La ciencia es sólo parte del conocimiento; la filosofía es un saber superior. Frente al móvil utilitario de Bentham, el hombre tiene también otro impulso, desinteresado, causa del arte, de la moral y de la caridad. Caso tiene inspiración cristiana y resume la filosofía social en el principio de que la sociedad justa es la que respeta a la persona humana.

Caso fue el gran maestro, por prestigio e influencia, de los intelectuales mexicanos del pasado y del presente siglo.

Obras: (Veinte volúmenes de *Obras Completas*). Mencionamos especialmente: *Filosofía de la intuición,* 1914; *Filósofos y doctrinas morales,* 1915; *Dramma per Música* (ensayo filosófico sobre Beethoven, Verdi, Wagner, Debussy (1920); *La persona humana y el estado totalitario; El concepto de la historia universal; La existencia como economía, como desinterés y como caridad* (1916).

Enrique José Varona (Cuba, 1849-1933). Mientras los demás países de la América española luchaban por la Independencia, Cuba permanecía en la paz colonial, que permitía a sus intelectuales el dorado ocio del filosofar. El primer filósofo de Cuba es el sacerdote Luz y Caballero, que injerta la filosofía moderna en el viejo tronco escolástico de la Universidad de La Habana. Varona recibe influencia inglesa, que lo separa de Comte y rechaza el mecanismo determinista, por el afán de libertad, que es el que separa del positivismo a todos los pensadores hispanoamericanos. Después de 1929 lucha abiertamente contra el positivismo y estudia a Bergson, a Croce y Gentile y a José Ortega y Gasset. Tiene un bello estilo en *Desde mi Belvedere* (1905), *Arte.* Inicia la corriente de ensayistas hispanoamericanos que son filósofos-artistas y se lamenta de que en las obras de nuestra América vaya "adquiriendo más importancia el escenario que los personajes", como en las llamadas novelas de la tierra. El Positivismo del siglo XIX reina en América hasta 1920; pero aún quedan rezagos en los pensadores anglo e hispanoamericanos hasta hoy día.

José Ingenieros (1877-1925). Psiquiatra, psicólogo, criminalista, y sociólogo, es el primer nombre de la filosofía en Argentina. De la corriente positivista de Lastarria, Varona y Barreda, con ribetes de sociología criminológica a lo Ferri, es maestro y pionero, más que original filósofo. Ingenieros inaugura el interés por los estudios "filosóficos", medio siglo después de Lastarria en Chile, con la fecundidad de su obra y de un apostolado negativo. Se convierte luego en antipositivista y en socialista entusiasta.

Obras: *Criminología* (1907); *El hombre mediocre,* 1913; *Hacia una moral sin dogmas,* etc. Antipositivista, pero igualmente antiespiritualista, para él, metafísica sigue siendo la ciencia de lo inexperienciable. La metafísica, según él, no puede entregar verdades absolutas, sino hipótesis generales.

Alejandro Korn (1860-1936). Médico psiquiatra, ejerció muchos años la profesión y la enseñanza. De la psiquiatría pasó al estudio de la psicología y de ésta a la filosofía. Es más profundo que Ingenieros, intelectual frío, como un Kant criollo. De formación positivista, se desencadena de las limitaciones del sistema positivo. Humanista a lo Schopenhauer, despertó una inquietud filosófica y religiosa entre sus discípulos. Lee a los místicos orientales, neo-platónicos, al maestro Eckhardt y a los carmelitas españoles. Kant es su primer maestro de filosofía y luego sigue al norteamericano Dilthey. La metafísica es para él un "poema lógico". Ingenio de maestro socrático más que teórico original, es un ejemplar animador de estudiosos.

Obras: *La libertad creadora,* 1922; *Axiología,* 1930; *Influencias filosóficas en la evolución nacional,* 1916. La universidad de La Plata editó sus *Obras Completas en* 1938-1940. Aunque cerebral y nada lector de Unamuno, hay cierta coincidencia barroca con don Miguel (inmensamente más grande, por supuesto). Desde Sarmiento a Lugones, de Ingenieros a Mallea, está siempre presente en los ensayistas argentinos la idea de la Argentina histórica. Korn destruye el determinismo mecanicista (socialista, sin embargo) partiendo de la teoría del conocimiento. Esta es su contribución más personal. El sujeto crea cognoscitivamente el mundo, luego es distinto y autónomo frente a él.

Francisco Romero (Sevilla, 1891-Buenos Aires, 1954). Los últimos veinte años de su vida los consagró a la filosofía y ha dejado un grupo de discípulos para que continúen su obra, en favor de la filosofía de la "Trascendencia". Es, en los últimos

147

años, el nombre más importante de la filosofía hispanoamericana. Antiracionalista y antipositivista, define la trascendencia como "un ímpetu que se difunde en todo sentido" (Sale del yo, lo inmanente). "El trascender llega a su pureza y perfección en cuanto trasciende hacia los valores . . . su plenitud; el punto en que espíritu, valor y libertad coinciden". Intenta una revisión de toda la historia de la filosofía, desde este punto de vista, rompiendo el cerco inmanentista-racionalista, para llegar a la plenitud de la trascendencia, en la Libertad. Defiende la necesidad de una Metafísica trascendentista, que va más allá del racionalismo. Va más allá también que Heidegger y Bergson. Ser, en la persona, es trascender hacia las demás personas y hacia Dios. En sus últimos ensayos hace una historia filosófica de la cultura moderna y critica filosóficamente el demonio totalitario. Obras: *Lógica y nociones de teoría del conocimiento,* 1938; *Filosofía contemporánea,* 1941; *Filosofía de la persona,* 1944; *Filosofía de ayer y de hoy,* 1947; *El hombre y la cultura,* 1949; *Ideas y figuras,* 1949, etc. Romero lleva la filosofía hispanoamericana del siglo XIX a ponerse al día con la filosofía contemporánea del siglo XX.

Eugenio María de Hostos (Puerto Rico, 1839-Sto. Domingo, 1903). Humanista como Bello y luchador como Sarmiento, es menos estudiado, simplemente —como dice Gabriela Mistral— "por haber nacido en patria chica". Maestro y apóstol de la libertad, recorrió toda la América Hispánica con su ejemplo y su antorcha. Rufino Blanco Fombona lo coloca junto a los libertadores, Bello el maestro y Bolívar el soldado. "Racionalista optimista", elogiado por Galdós, escribe, habla, por todas partes, sobre los temas candentes de la libertad y la cultura. Antes que Baldomero Lillo, en *Los desamparados* hace el estudio sociológico de los mineros; es en el Perú un antecesor de González Prada y Mariátegui. En sus *Ensayos didácticos* en que hay de todo, muestra un estilo claro y vigoroso; su lema permanente es: "civilización o muerte".

La Novela Realista. La novela del siglo XIX, pobre en España durante el período romántico, recibe un inmenso impulso con el ejemplo de los novelistas franceses que aplican el método analítico propio de las ciencias naturales a las narraciones de la fantasía. Cuando Honoré de Balzac (1799-1850) publica *La Physiologie du Mariage* (1830) y sus novelas de la *Comédie Humaine,* una revolución se opera en el campo literario: nace la *Escuela Realista.*

En este lugar, es indispensable precisar el concepto de novela realista, que tiene ilustres representantes en España y en la Hispanoamérica ochocentista. El término es ambiguo y muchas veces usado sin discreción. Hay quienes hablan del "realismo" de Faulkner o Steinbeck, Unamuno o Baroja, Barrios o Güiraldes: porque tratan de cosas y personas que se encuentran en la realidad. Con este criterio, la Biblia o un texto de física serían novelas realistas . . . También la poesía lírica trata de sentimientos "reales" . . .

Son ésos los críticos que andan a caza de anécdotas autobiográficas en toda novela, porque su propia imaginación es pobre para crear. El mismo Unamuno de las "nivolas" se empeña en probar que sus seres irreales, inventados, de ficción, son más reales que los de carne y hueso. Y en *El socio* de Jenaro Prieto, Mr. Davis, el socio imaginario tiene mayor poder real en la acción dramática que el pobre Julián Pardo que lo inventó. Augusto Pérez, de *Niebla,* de Unamuno, demuestra al rector de Salamanca que él sobrevivirá a don Miguel así como Don Quijote sobrevivió a Cervantes.

No es el *tema* —o elemento material de la novela— la base de calificación de las obras, como no lo es en las ciencias. Es la causa formal, —*el método*—, la técnica empleada, el modo de mirar y expresar la realidad la razón clasificadora. El método realista es el método usado por las ciencias positivas: de análisis, observación, individuación de detalles, de persecución de un proceso psicológico, paso a paso, descriptivamente. Se narra el *cómo,* no el *por qué* ni el fondo sustancial, de los hechos novelados. Recuérdense las descripciones de Pereda o la evolución psicológica de Don Luis en "Pepita Jiménez" de Valera. Y así como los cientistas se especializan en una fracción del campo observable, los novelistas realistas suelen limitarse a una región del país o a una clase social.

Alberto Blest Gana (Chile, 1830-1920). Ministro de Chile en París, al leer un día a Balzac, decide crear la novela realista chilena. Años más tarde escribía al historiador Benjamín Vicuña Mackenna: "... desde un día en que, leyendo a Balzac, hice un auto de fe en mi chimenea, condenando a las llamas las impresiones rimadas de mi adolescencia, juré ser novelista y abandonar el campo literario si las fuerzas no me alcanzaban para hacer algo que no fuesen triviales y pasajeras composiciones". (Carta de 7 de enero de 1864, *Cartas chilenas de los siglos XVIII y XIX,* de Raúl Silva Castro, Santiago, 1954). Los hermanos Guillermo y Alberto Blest Gana, hijos de un distinguido médico irlandés profesor de la Universidad de Chile y descendientes por línea materna de una aristocrática familia chilena, habían escrito poesías, novelas románticas y cuadros de costumbres.

Alberto Blest Gana es, no sólo el primer novelista realista de Chile y de América, sino el primero de la lengua castellana. Mientras en América se seguían publicando novelas románticas: *María,* 1867; *Cumandá,* 1877; *Francisco,* 1889, la novela realista había ya arrebatado a Europa. Desde 1830 a 1860, en que Zola extremando el realismo, de tipo fisiológico y patológico, crea la novela *naturalista,* la novela moderna crece bajo el signo del *realismo* de Balzac. España siguió, tardíamente, el ejemplo francés.

A excepción de Fernán Caballero, quien marca la transición del romanticismo al realismo en España, con *La Gaviota* (1848), las grandes obras del magnífico grupo de novelistas realistas españoles aparecen alrededor de 1870: *Pepita Jiménez,* en 1874; *Sotileza,* en 1884; *El Escándalo,* en 1875; *La fontana de oro,* primera novela de Galdós, en 1870. Antes que todos ellos, el chileno Blest Gana había escrito sus novelas más importantes.

Obras: *Una escena social* (1853), ensayo fatalista con resabios románticos; *Engaños y desengaños,* 1855; *El primer amor,*

1865; *Los desposados* (escenas de costumbres); *La fascinación* (escenas de París); *La venganza; Mariluán,* 1862; *Juan de Arias,* 1858; *Un drama en el campo,* 1860. Su primera gran novela, *La aritmética en el amor,* obtuvo el Premio de la Universidad de Chile en 1860. Le siguen: *El pago de las deudas,* 1861; *Martín Rivas,* 1862, que recuerda *Le roman d'un jeune homme pauvre* de Octavio Fevillet; *El ideal de un calavera,* 1863 y *La flor de la higuera,* 1864. En 1864 comienza a escribir su obra de mayor aliento, *Durante la Reconquista,* en dos tomos; pero sus actividades diplomáticas de representante de Chile en París, Washington y ante el Vaticano, le imponen un paréntesis a la labor literaria. Termina su gran novela en 1868 pero sólo aparece publicada en 1897. Le siguen: *Los trasplantados,* 1904; *El loco Estero,* 1910; y *Gladys Fairfield,* 1912, inferior la última.

Sus mejores novelas son: *Martín Rivas, Durante la Reconquista, El ideal de un calavera* y *El loco Estero.* En 1953 el Teatro Experimental de la Universidad de Chile, en celebración del centenario de la primera novela de Blest Gana (1853) puso en escena, con gran éxito, el *Martín Rivas,* adaptado por el autor dramático Santiago del Campo.

Martín Rivas y *Durante la Reconquista* han quedado, no sólo como fundamentos de la novela chilena moderna, tan variada y fecunda, y original dentro del cuadro hispanoamericano del siglo XX, sino como dos de los mejores "clásicos" de América. El mérito principal de Blest Gana no reside en el estilo, ordinariamente descuidado aunque vívido. Pero la impresión de vida auténtica que dan sus personajes y especialmente los personajes secundarios, más verdaderos y menos tipos, como en Galdós; la naturalidad del diálogo, la sencilla concatenación de la trama, la ironía que a veces—también como en Galdós— se desfigura en caricatura; la mezcla de lirismo romántico con la realidad brutal del ambiente o de los acontecimientos históricos, hacen de *Martín Rivas* y *Durante la Reconquista,* los mejores modelos de la novela realista americana. "El mulato", "el roto Cámara", Alsira, en *Durante la Reconquista,* así como los personajes históricos, como el Capitán San Bruno y el gobernador

Marcó del Pont, son creaciones de pincelada maestra que no desmerecen de Pereda o de Galdós.

La escuela de Blest Gana: novelistas y cuentistas chilenos. La última década del siglo XIX se caracteriza, en Chile, por la aparición de una verdadera escuela realista en la novela y el cuento; así como por la presencia de los precursores del Modernismo en la lírica, entre el grupo de amigos de Rubén Darío. En ambos géneros, la novela y la lírica, ocupará Chile en el siglo XX, como afirma el escritor peruano Luis A. Sánchez, "uno de los puestos más altos en el idioma". Por eso es importante el estudio de los orígenes finiseculares de nuestras grandes obras contemporáneas.

El ejemplo de Blest Gana despertó la novela chilena. Luego el Modernismo perfeccionó el estilo, en los últimos realistas, como Gana o Lillo. La escuela realista chilena, contemporánea de la argentina, tuvo la ventaja de su precursor y maestro, y en menor cantidad que la rioplatense, pudo producir una calidad mejor. En realidad, en América, fuera de las tres grandes novelas románticas y de Blest Gana, habrá que esperar al Post-Modernismo para llegar a la que Torres Ríoseco ha llamado, con razón, "la gran novela" de Hispanoamérica.

Luis Orrego Luco (1861-1948). Profesor de la Universidad de Chile, director de Bellas Artes, Ministro de Educación pública, director de revistas, Luis Orrego Luco es el más importante de los sucesores de Blest Gana. Algunos críticos han señalado la crítica de Blest Gana y sus discípulos a la aristocracia chilena de fines del siglo XIX como un complejo de "resentimiento". Grave error, porque Orrego Luco, Gana y Blest Gana, pertenecían a las mejores familias del país. Conocían, como Benavente, por dentro, por pertenecer a ella, a esa aristocracia. La que, después de la victoriosa Guerra del Pacífico (1879) aumentó sus riquezas; y mientras éstas ablandaban la vida de las clases altas, muchos aristócratas emigraban a París, en donde los caricaturiza el autor de *Los trasplantados.*

Blest Gana es gran pintor de ambientes y de tipos. Y la vida que estudió, principalmente en *Martín Rivas,* fue la de los nuevos ricos, la nueva burguesía que se formaba en la capital, y su menosprecio por el joven profesional de clase media provinciano. La clase media comenzaba ya en Chile a imponerse como fuerza intelectual y de reforma social. Pero la primera "novela social" de Chile es *Casa grande,* en la que Orrego Luco critica a la clase alta. Su autor la subtitula *Escenas de la vida en Chile;* tal como sus otras novelas, *Idilio nuevo* y *Playa grande.* Son obras de un tipo semejante a las novelas regionalistas y de tésis, de Pereda o la Pardo Bazán. Rubén Darío, que conoció a Orrego Luco en la juventud, escribe de él; en su *Autobiografía:* "Luis Orrego hacía presentir ya al escritor de emoción y de imaginación que había de triunfar con el tiempo en la novela".

Emilio Rodríguez Mendoza (1873-). Diplomático, periodista y viajero, amigo de Rubén, Rodríguez Mendoza sigue, a los ochenta y seis años, escribiendo en *El Mercurio* de Santiago, crónicas de viva observación y castizo estilo. Su obra abarca el cuento, la novela, el ensayo y la ágil crónica periodística, de tema literario o viajero. Es especialista en pintar cuadros de época y retratos de personajes históricos. *Gotas de absintio,* cuentos, tuvo prólogo de Darío. Otros títulos: *Vida nueva, Cuesta arriba, Días romanos, Santa Colonia, Remansos del tiempo, La América bárbara, El libro de las fundaciones* —tradiciones de las épocas heroicas de la conquista y *Cerrando el círculo.* Estiliza cosas vulgares con un estilo poéticamente arcaizante parecido al del argentino Larreta.

Los cuentistas: Baldomero Lillo (1867-1923). Es el primero de los grandes cuentistas chilenos y el primero en llevar en América la tragedia del minero del carbón al terreno del arte. Sobre la tradición realista chilena, recibió las influencias de su lectura de los grandes novelistas rusos, franceses y españoles, más el toque de Modernismo que aparece en su estilo, acaso por primera vez en la prosa narrativa chilena. Esto lo distingue del resto del grupo realista. Sus cuentos han sido publicados en dos volúmenes: *Sub terra* (1904) y *Sub sole* (1907). El primero escrito probablemente hacia 1898, contiene sus cuentos de mineros; el segundo tiene cuentos campesinos y cuentos fantásticos, a lo Rubén de *Azul*. El escritor José Santos González Vera ha editado, en 1943, sus *Relatos populares,* selección de su breve obra ya clásica, por el dramatismo y la eficacia de la expresión sincera.

Federico Gana (1868-1926). Ocupó un puesto oscuro y llevó una oscura vida. Sus cuentos fueron editados en 1916, con el título de *Días de campo* y, después de su muerte, se publicó una colección de sus artículos de periódicos *Manchas de color.* De estilo pulcro y ceñido, el campo y el campesino —el "huaso" chileno—, no son para él motivo de prédica social, sino mera visión de artista, de pintor emocionado. *La señora Ama* es uno de esos cuentos de antología, en que la realidad del campo y la psicología se hermanan con la poesía del paisaje en toques leves y auténticos de emoción muy honda y humana.

Joaquín Díaz Garcés (1857-1912). Costumbrista y periodista, es uno de los mejores cuentistas humorísticos de Sud América. Sus *Páginas chilenas* (1907) y sus *Páginas de Angel Pino* (1917) han quedado como una de las series más populares de cuentos bien escritos y llenos de humor. Su novela *La voz del torrente* es inferior a sus cuentos, frescos y fáciles de releer hoy.

La novela realista argentina. El siglo XIX es prolífico en la novela argentina; pero no hay ningún autor a la altura de Blest Gana. Carlos María Ocantos (1860-1949) imita a Galdós en *Don Perfecto* (1902), *Misiá Jeromita, León Zaldívar* y otras obras; Francisco Grandmontagne trata en *Teodoro Fronda* (1896) el tema de la inmigración; Lucio Fidel López (1848-1894) en *La gran aldea* hace un realismo parecido a Dickens y Daudet; Eugenio Cambaceres (1843-1888), en *Silbidos de un vago* (1882) y *Sin rumbo* (1884), ensaya un realismo picaresco. Los mejores autores del período son: Roberto Payró (1867-1928) con su novela picaresca gauchesca *Laucha,* y Manuel Gálvez (1882-). Gálvez es el más conocido y fecundo de los realistas y naturalistas argentinos. Obras: *La maestra normal,* 1914; *Nacha Regules* —la mejor—, 1919; *El mal metafísico,* 1916;

La sombra del convento, 1917. El naturalismo de Gálvez ejerció influencia sobre otros escritores contemporáneos de su país y de las repúblicas vecinas, como en *Juana Lucero* del chileno Augusto D'Halmar. Julián Martel publicó una novela célebre y mediocre: *La Bolsa* (1868).

Tomás Carrasquilla (Colombia, 1851-1940). El realismo produjo en Colombia también una pléyade de novelistas y cuentistas, académicos, correctos, como Eugenio Díaz Castro (*La Manuela*), Raimundo Bernal (*Viene por mí y carga con usted*); José M. Samper (*Martín Florez,* 1866) y otros. Pero hay dos nombres eminentes: el de José Manuel Marroquín (1827-1908), Presidente de la República y fundador de la Academia de la Lengua, autor de los famosos versos humorísticos que todos hemos aprendido como trabalenguas gramatical de niños, *La perrilla* y de una buena novela realista, sobre la vida de un caballo, *El Moro.* El otro es el mejor estilista colombiano, a juicio del profesor De Onís: Carrasquilla.

Don Tomás Carrasquilla nació, escribió, vivió y murió en su región colombiana de Antioquia. Toda su obra tiene el sabor de su región. A diferencia de la mayoría de los realistas chilenos, argentinos y mexicanos, —a excepción de Delgado—, que eran novelistas de la ciudad, Carrasquilla es el gran pintor de la aldea y el campo de su tierra. Comenzó a publicar a los 40, como Galdós, y sus 22 volúmenes de cuentos y novelas han sido editados en *Obras completas,* por Epesa de Madrid, con un prólogo erudito de Onís.

Sus cuentos, de sal cazurra, son verdaderas "tradiciones", originales, regionalistas; pero humanas y universales por la veracidad del retrato. Como Galdós, adopta el lenguaje popular como si estuviera contando de viva voz sus relatos, en un estilo vivo y jugoso su lenguaje. Pero, como señala Onís, es un realista que se acerca al Modernismo y cuenta en bella habla la realidad de sus montañas y las fantasías ultraterrenas "del otro toldo".

Su primera obra es *Simón el mago* (1890) y la última, los tres volúmenes de *Hace tiempos* (1935-36), memorias vividas y vívidamente contadas. Su novela, *La marquesa de Yolombó*

(1928) recuerda a Flaubert, pero a un Flaubert antioqueño original y que tiene una rara ternura; como en *Salve Regina* (1903), *El padre Casafús* (1914) y *Frutos de mi tierra* (1896). Su última obra, fue dictada, estando ya ciego, a los 78 años de edad.

En Las Antillas: Cuba tiene imitadores naturalistas de Zola en Carlos Loveira (1882-1928), autor de *Juan Criollo* (1927). *Los inmorales* y *Generales y doctores;* y en Manuel de la Cruz, con *Carmen Rivero.* En *Puerto Rico* perduran los costumbrismos románticos, con *El Gíbaro* de Manuel Pacheco (1849) al lado de naturalistas como Francisco del Valle Atiles (*Inocencia,* 1884) y Manuel Zeno Gandía, (*La charca* y *El negocio,* 1895 y 1922 respectivamente).

La novela realista en México. (*Cfr.* Joaquina Navarro: *La novela realista mexicana,* Compañía general de ediciones, México, 1955).

Los autores mexicanos, conocedores de la novela realista de Francia, Inglaterra y España, tienen un acento muy original. Son numerosos, desde Ignacio Altamirano (*El zarco, Navidad en las montañas,* etc.) que marca la transición del costumbrismo romántico a un realismo auténtico, hasta Federico Gamboa que imita el naturalismo o "feísmo literario" que ya se advierte en *El matadero* de Echeverría y que culmina en *Santa* y *La llaga* de Gamboa. Pero los tres novelistas mayores del grupo cada uno de los cuales tiene una pequeña escuela o puñado de discípulos menores, son: Rabasa, Delgado y López Portillo. El realismo hispanoamericano produce en general una novela de la ciudad; pero los realistas mexicanos, los mejores, continúan la novela campesina inaugurada por los románticos. Y es que su protagonista es el pueblo mexicano. El único "pueblo" que en América realmente luchó por la Independencia y que prepara la gran revolución mexicana de 1910. El que no ha ganado gran cosa con ninguna de las revoluciones y que sigue ostentando los problemas sociales que interesan a los novelistas.

Ignacio Manuel Altamirano (1834-1893. Este indio puro, que lucha con Juárez y bajo Porfirio Díaz, y pone parte de su fortuna en la guerra contra los franceses; diputado y profesor universitario, tiene una enorme influencia sobre la juventud intelectual de su tiempo. Poeta, cuentista y novelista, con *Clemencia* y *El zarco* marca la transición al realismo. A mi juicio, *El zarco* es una tersa y perfecta novela realista. Su larga labor de mecenas y maestro llega hasta el Modernismo, con uno de sus discípulos, Manuel Gutiérrez Nájera. Fundador de revistas, tiene en la novela una claridad y sencillez de estilo, una emoción sincera y una composición precisa y natural: Altamirano, con mejores títulos que Fernán Caballero, en España, es el verdadero fundador técnico de la novela moderna mexicana.

Emilio Rabasa (1856-1930). Autor de *La Bola* —es decir el pronunciamiento revolucionario regional—, *La gran ciencia* (1887); *El cuarto poder* y *Moneda falsa* (1888) y *La guerra de los tres años* (1891), obras todas de su juventud, es el novelista de la pequeña burguesía mexicana. Es el primer novelista que pertenece de lleno a la escuela realista, discípulo aventajado y conciente de Galdós con la diferencia de que entre los grandes vacíos temáticos, que denuncia en su obra, justamente, Joaquina Navarro, no aparece el amor, tema magistralmente tratado por el autor de *Fortunata y Jacinta*. Es un continuador moderno y técnicamente más atildado, de la crítica algo cínica de Fernández de Lizardi.

Rafael Delgado (1853-1914). Este artista veracruzano, retirado y solitario, escribió teatro, novela y cuentos. Su breve obra es la de mayor calidad del realismo mexicano en cuanto al estilo. *La Calandria* (1890); *Angelina* (1893); *Los parientes ricos* (1901-02) e *Historia vulgar* (1904) son sus cuatro novelas. Sus cuentos, aún no publicados en libro, corren en todas las antologías: *Mi vecina, Amparo, El caballerango, La gata, El desertor,* son verdaderas joyas. Ningún gran escritor mexicano, ni antes ni después, ha contado más hermosamente el campo y la vida de los campesinos de México, con melancolía y simpatía, con trazos magistrales para crear personajes vivientes y con una utilización del léxico de la flora y fauna regionales que dan un colorido inconfundible a sus descripciones campestres. Como dice el autor de *Angelina:* "Tampoco busques en los capítulos que vas a leer "honda trascendencias o problemas" al uso. No entiendo tamañas "sabidurías", y aunque de ellas supiera me guardaría de ponerlas en novela".

Es decir que Delgado es antes que nada un delicado y fino artista que se cuida de predicar tesis como otros novelistas realistas. No estudia problemas, pero la realidad transpira de su pluma más vívida precisamente porque está mejor intuída que explicada. "Para Delgado —dice Joaquina Navarro— lo romántico y lo realista no son antitéticos en la vida, ¿por qué habían de serlo en la novela?" Y lo acerca este realismo peculiar a la novela postmodernista más que a los modelos precedentes. Más campesino que los otros en sus temas y ambientes, se le señala como mejor discípulo de Pereda que de Galdós. Pero es original y su sentimiento más tierno y menos fuerte produce acuarelas del campo mexicano e historias transidas de emoción humana, que no los "esbozos y rasguños" con que el autor santanderino nos pintaba sus abruptas montañas y fuertes tipos montañeses.

Azuela, que suele encontrar defectos a todos los novelistas anteriores a él mismo, reconoce que Delgado hizo novela superior a todos los realistas mexicanos, "porque en él se equilibran felizmente emotividad, talento y sentido crítico".

José López Portillo (1850-1923). Uno de los pocos escritores mexicanos del siglo XIX que viajó por Europa, comienza publicando sus *Impresiones de viaje,* en 1873, inauguración de una larga tarea de erudito y escritor. La *Crónica de Jalisco,* manuscrito del Padre Antonio Tello, sobre la evangelización de México en la época de la conquista fue publicado por López Portillo. Escribió también poesía lírica, leyendas, estudios históricos y críticos; cuentos y novela.

Su mejor novela es *La Parcela* (1898). Publicó, además: *Seis leyendas* (1883), *Novelas cortas* (1900), *Sucesos y novelas cortas* y *Los precursores* (1909), *Fuertes y débiles* (1919). Como Faulkner, López-Portillo se ha creado en *La Parcela* su propia aldea, como una síntesis de la vida real del Estado de

Jalisco y sus tipos son predominantemente de la tierra. Esta es una novela agraria muy cerca de Pereda en su loa del agro contra las corrupciones morales, ideológicas y políticas, de la ciudad y más cerca de la novela de tesis que las novelas casi líricas del Delgado. López- Portillo es un precursor de los famosos novelistas "de la Revolución" y los precede en el desencanto frente a la lucha política, mientras reafirma su fe en la salud moral que representa en México el campo, tradicional y humano.

Manuel Payno (1810-1894). Con *El fistol del Diablo* y *Los bandidos de Río-frío,* (1889 y 1891) ostenta un naturalismo humorístico que parece anunciar los "esperpentos" mexicanos del Valle Inclán de *Tirano Banderas.*

El naturalismo en el Perú. Clorinda Matto de Turner es el único representante, de notable influencia precursora, de la novela naturalista de tema indígena, antecedente de la novela indigenista posterior al Modernismo.

Aves sin nido (1889) es una novela pobre, de estilo adocenado y plagiado de resabios románticos; pero que tiene el mérito de la franqueza al denunciar las injusticias sociales que maltratan al indio peruano. Funda esta escritora peruana el indigenismo de la literatura andina. La construcción de la novela no carece de interés, además, tanto por la fluidez de la trama como por el verismo del retrato de los personajes, especialmente los antagonistas, que representan las clases explotadoras del indio: entre ellos, el gobernador pilatesco, el "tata-cura" ante cuya gruesa figura el Don Inocencio de Galdós parece un candidato a los altares. Los héroes parecen más tipos que personas vivas y hay en la novelista representante del naturalismo peruano una curiosa mezcla de naturalismo que se empeña en parecer radical y exagerado y de romanticismo algo ñoño. Su puesto en la historia de la literatura de reivindicación social, tan copiosa en Hispanoamérica de hoy, es indiscutible como audaz fundadora.

El realismo en Venezuela. José Ramón Yepes (1822-1881). Es la figura central con sus leyendas indias, *Anaida* y la *Iguaraya,* que marcan la transición del romanticismo al realismo. Yepes será el modelo de los narradores de la tierra venezolana hasta la llegada de los grandes maestros postmodernistas.

La literatura gauchesca ríoplatense. El "Martín Fierro". El regionalismo característico de la literatura realista de la última parte del siglo XIX produjo, en la región ríoplatense, su fruto más interesante y original: la literatura *gauchesca.* Esta tiene por tema el *gaucho* y ordinariamente emplea la forma dialectal del castellano usado por los gauchos de la pampa argentina.

Lo *popular* en América reviste las formas de lo indio, lo proletario, lo campesino. Pero acaso en ninguna otra forma se ha logrado más plenamente una literatura personalísima y original, que en lo gauchesco. La *tierra* americana que aparecía en los románticos excepción hecha de los mejores, como Andrés Bello y Jorge Isaacs, era una naturaleza calcada de Chateaubriand, Hugo o Scott. Ahora se retrata una tierra real, diferenciada, conocida y amada. Y esta Tierra, en la novela del siglo XX será el personaje principal de una serie de obras de arte: la Pampa, la Selva, los Llanos, la Sierra. Pero, más o menos dominado o envuelto por lo telúrico, tierra, ambiente, paisaje, van emergiendo de esas obras diversos tipos del verdadero *hombre americano.*

El gaucho: Sir Walter Scott, con un *lapsus calami,* acertó con la etimología más probable del gaucho, cuando dice: "Las vastas llanuras de Buenos Aires no están pobladas sino por cristianos salvajes conocidos bajo el nombre de *guachos,* cuyo principal amoblado consiste en cráneos de caballo, cuyo alimento es carne cruda (sic?) y agua, y cuyo pasatiempo favorito es reventar caballos en carreras forzadas. Desgraciadamente prefirieron su independencia nacional a nuestros algodones y muselinas" . . . ¡Cuánto no habrían dado los ingleses —comenta Martínez Estrada— por quedarse con Buenos Aires! . . .

A mediados del siglo XVIII los ganaderos españoles, transformados por la soledad y el desierto se habían ido convirtiendo en el mestizo o criollo gaucho. "Gaucho" viene de una voz quechua —*huajcho*— que significa hijo abandonado, animal suelto, hijo natural. Del mismo origen de la palabra que designa a los críos sin dueño o padre, viene la palabra chilena *huaso* (guaso) que designa en Chile al campesino de a caballo, como el *cow boy* o vaquero de las praderas norteamericanas.

Mientras los caballos traídos por el conquistador se habían ido transformando en "cimarrones", hombre y caballo, bajo la impronta de libertad e inmensa soledad de la Pampa, formaron ese tipo fuerte y melancólico del hombre a caballo de la pampa, cuya única propiedad es la "tropilla" de caballos de que puede apoderarse: *el gaucho.*

De ganadero, el hombre se transmuta en cazador; el caballo y la vaca son las materias primas de todo: alimento, botas, pellizas, armas, lazo y boleadoras; heredadas de los indios mapuches. Con ellas cazan avestruces, ganado y . . . enemigos, indios o soldados que los persiguen. El facón o cuchillo para carnear y para la defensa, lo han comprado cambiándolo por plumas de avestruz al pulpero "gringo", inglés o más frecuentemente italiano; o por cueros. La Pampa sin límite ni divisiones crea ese tipo de hombre, austero y silencioso, cantor y narrador de cuentos junto al fogón; solitario sin necesidades y mucha libertad que es el gaucho pampero. El poncho, el chiripá, el sombrero alón y el repique de sus espuelas, le señalan por el atavío tradicional. Juega a las cartas, las carreras, hasta que el aguardiente de la pulpería enardece hasta la riña, viene el duelo a facón; y el gaucho que mata en defensa propia, se pierde en la lejanía, como "gaucho malo", perseguido por la justicia y amparado a veces por los indios.

El "gaucho cantor", payador, que "camina . . .", se convierte en tropero, y luego amansador de potros salvajes, cateador, baqueano. El gaucho "malo" se convierte en guerrillero de la Independencia y en instrumento del tirano Rosas, y toma parte en las guerras civiles al mando de caudillos como Facundo Quiroga o el cura Aldao.

La literatura sobre el gaucho se inicia con *El Lazarillo de ciegos caminantes* de Concoloncorvo (1773). Pero el "género gauchesco" se inaugura gloriosamente en los primeros capítulos del *Facundo* de Sarmiento.

Sarmiento afirma que el pueblo argentino es naturalmente poeta y señala, al lado de la poesía culta, la *poesía popular:* la *vidalita,* el *cielito* y las *payas* (de que todavía quedan rastros en el campo argentino y el chileno). Esta poesía popular, que entronca con el romance español, trasladado a América, tiene su propio carácter y su propio lenguaje, vertido en el tradicional octosílabo de la poesía popular castellana.

Bartolomé Hidalgo (1788-1823), poeta de la Independencia, es el primero en firmar esos cielitos de vena popular, sus *Diálogos patrióticos,* como los diálogos entre el gaucho Ramón Contreras y el capataz Chano. Y por la misma época un poeta pulpero, que vendía versos entre sus artículos de primera necesidad para los gauchos, Juan Gualberto Godoy (1793-1864), componía cantares que el gaucho adoptaba como suyos.

Cuando el gran poema gauchesco *Martín Fierro* viene a cristalizar la épica gauchesca, hay pulperías de la pampa que en sus libros de contabilidad apuntan la venta de: "12 gruesas de fósforos, un barril de cerveza, *12 "Vueltas de Martín Fierro"*, 100 cajas de sardinas . . ." (Nicolás Avellaneda, cit, por Luis A. Sánchez, op. cit., II, p. 14)

Juan María Gutiérrez publica en 1838, *Los amores del payador* y Bartolomé Mitre publica, hacia 1844, sus *Poemas gauchescos,* sobre la Leyenda de Santos Vega, especie de don Juan pampeano. Mitre explica en una nota la novedad de este tipo de poesía: "Las costumbres primitivas y originales de la pampa han tenido entre nosotros muchos cantores, casi todos ellos se han limitado a copiarlas físicamente, en vez de poetizarlas . . . Así es que para hablar de los gauchos, los poetas han empleado todos los modismos gauchos . . . elevando al rango de poesía una jerga muy enérgica, muy pintoresca y muy graciosa . . .; pero que por sí no constituye lo que propiamente puede llamarse poesía". Mitre era romántico. Y algunos poetas románticos, como Rafael Obligado (1851-1920), un gran poeta, en sus *Tradiciones argentinas* poetiza, en cuatro poemas, la leyenda del payador Santos Vega, la mejor poesía culta de tema gauchesco. Pero los verdaderos poemas gauchescos son los que mantienen el *realismo* de la tradición popular a la que alientan sobre ella su propia genialidad poética.

Hilario Ascasubi (1807-1875). Nacido en plena pampa, emigrado a Montevideo durante la tiranía de Rosas, amigo de Mitre, durante muchos años compuso romances gauchescos; hasta que en 1872, al publicar, en París, tres tomos de su obra poética, da la forma definitiva a su extenso poema, *Santos Vega o los Mellizos de la Flor,* leyenda semibiográfica de un gaucho malo, popularizado por él mismo y otros poetas anteriores.

Estanislao del Campo (1834-1880). Firmaba sus poemas gauchescos con el seudónimo de "Aniceto el Pollo", considerándose discípulo de Ascasubi que había firmado sus primeros romances "Aniceto el Gallo". En este caso el discípulo no es mayor que el maestro; y el *Fausto,* que es la narración de la ópera de Gounod por un gaucho que va a Buenos Aires, es divertida y fue bien recibida por el público, pero no pasa de ser una parodia superficial de algún gracejo. Leopoldo Lugones pensaba que ningún gaucho se habría metido a la Opera, y critica la artificialidad del poema así como la inversimilitud del relato.

José Hernández (1834-1886). Es el poeta máximo de la Pampa y el máximo cantor épico de Argentina, a juicio de Unamuno. Unamuno compara su *Martín Fierro* con el *Quijote.*

El propio Hernández, a mi parecer inconcientemente, al dar a su poema dos Partes y llamar a la primera *La Ida* y a la segunda *La Vuelta,* acaso estaba pensando en el genial manchego que hace sus heroicas salidas para volver siempre a "su pago". Pero me parece que no hay que dejarse arrebatar como Ricardo Rojas cuando llama a Sarmiento el "profeta de la pampa", lo que no es, ni confundir a Hernández con Cervantes; que la obra se comprende mejor en su relativa grandeza sin comparaciones no del todo exactas.

Hernández, el autor, es un gaucho, gigantón domador de

potros, sobrino de Rosas, enemigo de Sarmiento, que no cree en la contradición entre ciudad y pampa, "civilización o barbarie". Hernández siente que el jugo de la pampa argentina es la sangre de toda la patria, ciudades y campos; y que el gaucho, que se convierte en "malo" por las injusticias y abusos de la autoridad (y la autoridad en la época era el Presidente Sarmiento) tiene en su carácter algunas de las virtudes fundamentales del argentino.

El poema máximo de la poesía gauchesca, *Martín Fierro* (Primera Parte, *La Ida*, 1872; Segunda parte, *La Vuelta*, 1879) tiene en sí mismo una esencia incomunicable, que no necesita parangonarse con ninguna obra extranjera, siendo la esencia misma de la argentinidad. Por lo demás, como anota Luis A. Sánchez, Cervantes publicó su II Parte para defender a su héroe de los Avellanedas presentes y por venir; mientras que Hernández publica *La Vuelta* porque el lector, y los gauchos mismos, se lo exigen. Los paralelos demasiado estirados, se cortan.

Retirado de la contienda cívica y política, José Hernández, se consuela de su soledad recreando al gaucho en su poema inmortal. El autor no sólo emplea la lengua del gaucho, sino que piensa y cuenta tal como piensa y cuenta sus aventuras un gaucho real. La lengua gauchesca, como todo lenguaje popular americano, tiene un característico sabor a castellano arcaico. Como señalan Unamuno y Gabriela Mistral, es la lengua popular de Castilla de la época de la conquista la que han guardado los campesinos nuestros, tal como los campesinos castellanos. Pero no se trata de identidad ni de que gauchos y campesinos salmanticenses sean mellizos. La lengua del gaucho tiene su originalidad, sus modos propios de la Pampa, además de los modos lingüísticos comunes a todos los campesinos de la América española. Y hay también un vocabulario exclusivo que nace de las realidades originales y características de la vida gauchesca. El gaucho, su vida y su lengua, siguen viviendo en la obra de Hernández, y en la novela y el teatro hasta la época actual, en que Güiraldes poetiza la sombra del gaucho que va desapareciendo de la realidad histórica.

La lengua de Martín Fierro, estudiada por Eleuterio Triscornia (tomo II de la Biblioteca de Dialectología Hispanoamericana, del Instituto de Filología fundado en Buenos Aires por Amado Alonso), es una lengua popular, viva y auténtica. La métrica es regular si se tiene en cuenta la pronunciación típica del gaucho. La obra es un romance. Comienza la Primera Parte con estos versos:

> Aquí me pongo a cantar
> al compás de la vigüela,
> que al hombre que lo desvela
> una pena extraordinaria,
> como la ave solitaria,
> con el cantar se consuela . . .

Martín Fierro no es menos que ningún otro gaucho:

> Mas ande otro criollo pasa
> Martín Fierro ha de pasar;
> nada lo hace recular
> ni los fantasmas lo espantan,
> y dende que todos cantan,
> yo también quiero cantar.

La fluidez con que versifica el gaucho Martín Fierro es la del payador que improvisa sus versos, que se le caen de los labios como buen narrador que es; sus figuras son muestra de esa poesía campesina que se anida en el hombretón que vive en las soledades inmensas; y el mismo gaucho, convertido en "malo" por el maltrato en el ejército y por la destrucción de su rancho y su familia —tal como Demetrio Macías de Azuela en la novela de la Revolución mexicana—, dice de su creación espontánea de poesía natural:

> Yo no soy cantor letrao;
> mas si me pongo a cantar
> ni tengo cuándo acabar
> y me envejezco cantando.
> Las coplas me van brotando
> como agua de manantial.

Martín Fierro, accidental y fatalmente, en el desafío del baile del "boliche", mata sucesivamente a dos hombres. Y se condena a sí mismo a la soledad vagabunda del gaucho malo. El sargento Cruz, otro gaucho, que forma en la partida de soldados que le persigue, decide ayudarlo y juntos huyen a la Pampa. Y "a Fierro dos lagrimones / le rodaron por la cara", cuando parten al destierro y dejan atrás las últimas poblaciones. Siete años después, Martín Fierro vuelve a sus pagos; son tomados como rehenes por unos indios "maloqueros" y el gaucho cuenta las crueldades de los indígenas. Muere Cruz en una epidemia. Martín Fierro, caballerescamente, defiende a una cautiva blanca frente al indio que le acaba de degollar al hijo:

> Tres figuras imponentes
> formábamos aquel terno:
> ella, en su dolor materno;
> yo, con la lengua dejuera,
> y él, salvaje, como fiera
> disparada del infierno.

A su vuelta, Martín se reúne con el viejo Vizcacha, encarnación de la experiencia gauchesca, el hijo de Cruz, Picardía y un negro que resulta el hermano de uno a quien hacía diez años había dado muerte Martín Fierro. Se une el héroe finalmente a sus hijos, pero tiene que separarse de ellos por pobreza, y se despide de ellos, "dirigidos a los cuatro vientos", con palabras llenas de emoción ingenua y de sabiduría primitiva; finalmente pide a la civilización que ayude a la barbarie del gaucho, "para bien de todos":

> Es el pobre en su orfandá
> de la fortuna deshecho,
> porque naides toma a pechos
> el defender a su raza;
> debe el gaucho tener casa,
> escuela, iglesia y derechos . . .

> Pues son mis dichas desdichas,
> las de todos mis hermanos;
> ellos guardarán ufanos
> en su corazón mi historia;
> me tendrán en su memoria
> para siempre mis paisanos.

Y la Historia literaria de Hispanoamérica ha recogido el poema de Hernández como la obra más original y honda de la expresión poética de los pueblos de Hispanoamérica.

Lo gauchesco continúa, en la Novela, en las obras de Eduardo Gutiérrez (1853-1890), la serie de doce *Aventuras de Juan Moreira,* historia truculenta de matanzas y raptos de gauchos malos; de Roberto Payró, que tienen el humorismo de una moderna picaresca, en *El casamiento de Laucha* y *Las divertidas aventuras del nieto de Juan Moreira* (1910). El primer novelista uruguayo del Modernismo, Eduardo Acevedo Díaz (1851-1924) con *Soledad* (1894) recibe influencia gauchesca y sus coterráneos Justino Zabala Muñiz (1897-) y Javier de Viana (1872-1925), con las *Crónicas* de su abuelo gaucho y *Yuyos,* respectivamente; Benito Lynch (Argentina, 1885-1958) con *Los caranchos de la Florida* y *El inglés de los güesos;* Enrique Rodríguez Larreta, con *Zogoibi* (1926), el uruguayo Carlos Reyles, con *El gaucho Florido.* La cumbre del género será *Don Segundo Sombra* del poeta vanguardista Ricardo Güiraldes. Pero, después de él, en Chile, Daniel Belmar, en *Coirón* mantiene la figura del gaucho que se perdió en la sombra con el héroe real de Güiraldes.

Poesía y Teatro del siglo XIX

El Teatro. Desde los ya lejanos días de la representación, en Tlazcala, en 1538 del auto *La adoración de los reyes magos* y del teatro de Ruiz de Alarcón, en sl siglo XVII, el Teatro no ha hecho tantos progresos como los demás géneros literarios.

Durante la época de la Independencia, el teatro fue instrumento de noble elevación de sentimientos patrióticos, pero no aparece un dramaturgo verdadero. A fines del siglo XIX, en el Perú, el periodista y costumbrista Manuel Ascencio Segura (1806-1871) publica y pone en escena algunas comedias que han sobrevivido hasta ahora: *Ña Catita, comedia de carácter, La moza mala, La saya y el manto, El resignado, Percances de un Remitido* y *El santo de la Panchita,* en colaboración ésta con su discípulo Ricardo Palma. Tiene genio de evocación de costumbres y sal.

Fernando Calderón (México, 1809-1845). Representa en el teatro mexicano el teatro histórico, con *Herman o la vuelta del cruzado* e Ignacio Rodríguez Galván (1816-1842), con *El Visitador Muñoz, Eva ante el cadáver de Abel* y *El privado del rey,* representa las tendencias del teatro romántico. Pero el más celebrado de los autores teatrales románticos de México, pese a lo improvisado de sus obras, es José Peón y Contreras (1943-1907), con *La hija del rey, El joyel del sombrero, Luchas de honra y amor,* dramas de complicada trama, pero con real evocación de ambiente y escenas teatralmente eficaces.

Con todo, el Teatro es el género más pobre, desde Ruiz de Alarcón hasta Florencio Sánchez, a principios del siglo XX. Y hasta el actual renacimiento encabezado por México en las últimas décadas de este siglo.

En Colombia, Luis Vargas Tejada (1802-1829) en corta y azarosa vida, ha dejado una apreciable obra dramática: la tragedia *Sugamuxi,* con ambiente de sacrificios humanos aztecas y *El Parnaso transferido,* comedia con coro clásico a la antigua, más una graciosa comedia corta, o sainete titulado *Las convulsiones,* imitación del italiano Francesco Albergati. Otro romántico colombiano, José Caycedo Torres (1816-1898) estrenó dramas históricos y el primero, *Miguel de Cervantes Saavedra.* José María Samper y Lorenzo Lleras pusieron en escena comedias de carácter. El drama heroico era popular, pero no dejó obra perdurable.

En Chile, el teatro histórico y el de costumbres tiene también algunos representantes en el romanticismo: Eusebio Lillo (1826-1910), autor de la Canción Nacional, obtuvo éxito con la representación de un drama histórico *San Bruno* sobre esta siniestra figura del capitán de la Reconquista de Chile; y Luis Rodríguez Velasco (1838-1919) dió una popular escena de costumbres, *Por amor y por dinero.* Pablo Garriga, con *La huérfana* y Daniel Caldera, con *El tribunal de honor;* los hermanos Guillermo y Alberto Blest Gana, con *La conjuración de Almagro* y *Jefe de familia,* respectivamente mantienen la noble tradición del drama histórico y de la comedia de costumbres. En la última tendencia, además, el poeta Ricardo Fernández Montalva tiene *Una mujer de mundo* y el costumbrista Román Vial, *Una votación popular.* El mejor dramaturgo romántico de Chile es el poeta Salvador Sanfuentes (1817-1860), con su drama en verso *Cora o la virgen del Sol,* inspirado en Marmontel; *Juana de Nápoles, El castillo de Manzini, Don Francisco de Meneses* y *Una venganza.*

La poesía lírica del siglo XIX. Durante todo el siglo XIX, hasta el triunfo del Modernismo, la lírica hispanoamericana predominante es romántica. El realismo de Campoamor y de Núñez de Arce tiene algunos imitadores a fines del período; pero ya entonces Rubén Darío está conquistando a los últimos románticos: los más jóvenes se incorporan al modernismo; los más viejos no cambian.

Después de la tríada Bello, Heredia y Olmedo, la corriente romántica comprende una serie innumerable de versificadores que imitan a franceses o españoles, y sobre todo a Espronceda y Zorrilla. Pero aparecen unos pocos poetas de verdad, dignos de recordación.

Julio Arboleda (Colombia, 1817-1862). Romántico en vida y obra, político y soldado, conspirador y desterrado, Arboleda es un noble poeta que el gusto actual no recuerda como debiera; pero que es un valor indudable dentro de su época. Tiene una natural facilidad de versificación y algunas de sus graciosas redondillas se pueden parangonar con las de Zorrilla. Un poema épico, *Gonzalo de Oyón,* con fundamento histórico en la época de la Conquista de Nueva Granada, aunque inconcluso, tiene variedad de metros, donde hay ecos de Zorrilla y de Byron, nobles estrofas y una cuidadosa verisimilitud de diálogos. Es un poema épico castellano, el único del romanticismo hispanoamericano. Además tiene poemas políticos, como *Estoy en la cárcel,* en que el político no esconde al poeta; y en sus composiciones subjetivas, su conocimiento de los clásicos y románticos, su devoción por Hugo, le denuncian en la rotundidad de buen gusto de algunas estrofas. Dominador del verso, las rimas juguetonas de *A Beatriz* y la variedad métrica de *Me voy,* poema de despedida a Lima en donde fue mimado desterrado, tienen soltura y gracia, raras en los románticos americanos.

Gabriel de la Concepción Valdés (Plácido) Cuba, 1809-1844. Llamado "Plácido el mulato", era en realidad hijo de un peluquero mulato y de una cómica española; pero abandonado por sus padres fue criado por su abuela paterna, negra manumitida. Era fabricante de peinetas de carey y autodidacta de escasa instrucción; tiene entre poemas de ocasión, algunos de inspiración auténtica. Fue condenado a muerte por conspirar por la libertad de Cuba con otros negros y mulatos. En la cárcel, antes de morir, compuso la *Plegaria a Dios,* que recitó subiendo al cadalso:

> Ser de inmensa bondad, Dios poderoso,
> a Vos acudo en mi dolor vehemente . . .
>
> Mas si cuadra a tu Suma Omnipotencia
> que yo perezca cual malvado impío
> y que los hombres mi cadáver frío
> ultrajen con maligna complacencia:
> cúmplase en mí tu voluntad, Dios mío.

Otros románticos. "El Romanticismo —escribía Rodó— en cuanto quebrantaba los moldes de una preceptiva artificial y vetusta; en cuanto favorecía el libre arranque de la inspiración y ensanchaba los límites del vocabulario poético, ofrecía, ciertamente, ejemplos y enseñanzas favorables al florecimiento de una literatura americana diferenciada y eficaz; pero este impulso de reacción contra el dogmatismo retórico tenía en América, más que en ninguna otra parte, peligros y desventajas que no supieron conjurarse, porque halagaban muchas de las propensiones más funestas y arraigadas de nuestro espíritu: la propensión a la negligencia, al desaliño, a la falsa espontaneidad, a la abundancia viciosa; el desconocimiento o menosprecio de la parte conciente y reflexiva del arte; el crédito de la facilidad repentista; el desamor de ese ideal de perfección, único capaz de engendrar la obra que dura". Esta sentencia del mejor estilista del modernismo podría cerrar el juicio del período romántico con idénticos términos a los pronunciados por Bello al iniciarlo, en 1842. El Modernismo conservará en el fondo lo romántico; pero enseñará ese amor por la perfección estética de fino orfebre consciente; y traerá, por eso mismo, la plenitud de la literatura hispanoamericana.

Eso no quiere decir que entre los románticos toda la obra haya sido deleznable.

Desde doña Mercedes Marín del Solar (Chile 1804-1866), de noble verso elogiado por Menéndez y Pelayo como preromántica, hasta Juan Zorrilla de San Martín (Uruguay 1855-1931), verdadero precursor del Modernismo, hay voces sinceras y armoniosas en casi todos los países. Manuel Acuña, en México; José Antonio Maitín y Antonio Pérez Bonalde, en Venezuela; Gregorio Gutiérrez, autor de *Memoria sobre el cultivo del maíz en Antioquía,* colombiano; los chilenos Guillermo Blest Gana y Salvador Sanfuentes; los argentinos Olegario Andrade, autor de *Nido de cóndores* y *Atlántida* y Rafael Obligado, delicado poeta de *La flor del seíbo;* el peruano Carlos Augusto Salaverry; el ecuatoriano Numa Pompilio Llona y los tiernos poetas del hogar, el chileno José A. Soffia y el mexicano Juan de Dios Peza, son sólo algunos de los mejores, que pueden leerse en cualquier Antología.

Juan Zorrilla de San Martín (Uruguay, 1857-1931). Desterrado de su patria, estudió y se graduó en la Escuela de Derecho de la Universidad de Chile. La tradición de un grupo de araucanos de ojos azules, recuerdo de piratas ingleses u holandeses, le inspiró el mayor poema épico hispanoamericano, *Tabaré.* Vuelto a su patria en 1878, fue el poeta oficial y el orador aplaudido del Uruguay, patriarca de sus letras y de su vida pública. Darío lo describía, en 1913: "Como vive de fe y respira esperanza, —Zorrilla es un fervoroso cristiano—, se diría que una inagotable juventud conserva firmes sus nervios, airoso su gesto, cálida y vivificante su palabra, toda energía y ritmo".

Obras: *Notas de un himno* (Chile, 1877); *Leyenda patria* (1879);*Tabaré* (1886). En prosa: *Resonancias del camino, Conferencias y discursos; La epopeya de Artigas; El libro de Ruth; Huerto cerrado,* etc. Pero su obra excelente, la mejor obra poética hispanoamericana del siglo XIX, antes de Darío, es su poema charrúa: *Tabaré*. Lírica musical, desdibujada y leve, de la épica legendaria convertida en elegía lírica, Zorrilla de San Martín ostenta ya características que le señalan como a verdadero precursor becqueriano de Darío: musicalidad, originalidad personal y tema americano. Valera le llama: "Un gran poeta, muy español y muy americano". Y continúa el gran crítico español, comentando a *Tabaré:* "No hay reminiscencias de epopeya clásica: poema, leyenda o novela en verso" (como el *Martín Fierro*). Las figuras humanas resaltan, contrariamente a la tipología romántica y en la métrica el vate uruguayo se muestra como audaz innovador del verso. Asonancias de romance en vez de endecasílabos consonantes; endecasílabos y hetpasílabos alternados; elegancia lírica en un romance de tema popular, multitud de símiles nuevos; cierta vaguedad inefable, como en Bécquer; delicadeza sutil e intensidad de expresión; análisis psicológico del charrúa mestizo; todo logrado sin pesadez. Canta Zorrilla la desaparición de la raza india. La mujer es inspiradora; Blanca, que es como la mujer ideal de Darío. Hay en el poema ensueño poético y a la vez naturalismo histórico-psicológico, tal como en los modernistas.

Tabaré, publicado dos años antes que *Azul* y el mismo año en que Darío llega a Chile, escrito en Chile, es la mejor epopeya indígena americana. Sus antecedentes más valiosos son la novela india de Magariño Cervantes, *Caramurú* (1853) y las leyendas chilenas de Salvador Sanfuentes: *Inani* o *Laguna de Rauco,* 1850; *Huentempu,* 1853; y *Ricardo y Lucía o la Destrucción de la Imperial,* 1857. Juan León Mera, ecuatoriano, en sus *Melodas indígenas* y en *Cumandá* había elevado la lírica y la novela de tema indio al más alto rango del siglo XIX.

Tabaré es la cúspide de la epopeya americana. Porque hay una epopeya americana, como sostiene Leopoldo Panero (*Introducción a la Antología de la poesía hispanoamericana,* II): Zorrilla de San Martín es el más genial cantor de este "epos" colectivo. Su noble *Tabaré* es como símbolo y síntesis de esta ancestral memoria colectiva, con mezcla de lirismo y melancolía poética y tremante patentismo. Fondo y sustancia, en dramática unidad, la historia en carne viva de los pueblos de América".

Unamuno escribió de *La epopeya de Artigas,* sonora y grandilocuente: "Dudo mucho que artista alguno del cincel pueda erigir a la memoria y al culto de Artiga un monumento, en bronce o mármol, más sólido y más poético que éste". Un hijo del poeta, José Luis Zorrilla de San Martín Blanco, erigió el monumento en bronce, frente al palacio de gobierno, al héroe inmortalizado por su padre.

El crítico español Agustín del Saz, en *Historia general de las literaturas hispánicas,* tomo IV, sostiene que "ha de estimarse a Zorrilla de San Martín como la figura en la que se supera a lo europeo". En realidad, fuera de Bécquer, no hay parangón en el romanticismo español con los versos del poema indígena *Tabaré,* epica de la raza charrúa. El mestizo muere injustamente defendiendo a la cautiva Blanca, que le recuerda a su madre en los ojos azules. Junto al cuerpo de Tabaré sacrificado inútilmente, la bendición del sacerdote simboliza la reconciliación de las dos razas en choque en la conquista de América. Pero lo más importante no es la leyenda, sino la lírica belleza de sus versos.

. . . Seguidme juntos a escuchar las notas
de una elegía que en la patria nuestra
el bosque entona cuando queda solo
y todo duerme entre sus ramas quietas . . .

En las aguas inmóviles
se reflejan las garzas,
que dormitan o cruzan silenciosas,
como formas de espuma, entre las cañas;

los insectos cuelgan
en sus hilos de plata,
o trepan por sus redes, que parecen
hebras de sol o cristalinas arpas . . .

Versos en que la suave musicalidad rítmica se une a la audaz y natural brillantez de la metáfora.

. . . y con Blanca en los brazos
sigue el indio su marcha,

despertando a su paso en la maleza
los venados, que huyendo, se levantan . . .

Donde el hombre y el paisaje comulgan en la misma suavidad del ensueño, como nunca antes en versos castellanos. O véase cuando el balbuceo ingenuo del indio silencioso mira por primera vez a Blanca, la española cautiva:

Era así como tú, blanca y hermosa;
era así como tú: miraba con tus ojos
y en tu vida puso su luz . . .
Era así como tú la madre mía,
blanca y hermosa . . .
¡pero no eres tú!

Blanca, que ha comprendido el amor callado del indio misterioso,

todo lo comprendió y amó al salvaje,
como las tumbas aman,
como se aman dos fuegos de un sepulcro,
al confundirse en una roja llama . . .

Y se lanza sobre el indio agonizante,

. . . que dulce, la miró, pero de nuevo
tristemente cerró para no abrirlos,
los ojos apagados de silencio . . .

Y el leit-motif de la cadencia nostálgica cae sobre el recuerdo del indio muerto, mientras el poeta mira los círculos del agua en que cae una flor marchita:

¡Cayó la flor al río!
Los temblorosos círculos concéntricos
balancearon los verdes camalotes
y en el silencio del juncal murieron . . .

Duerme, hijo mío: mira, entre las ramas
está dormido el viento:
el tigre en el flotante camalote
y en el nido los pájaros pequeños;
hasta en el valle
duermen los ecos.

Si hoy día se considera, con justa razón, a Bécquer, el romántico sincero y musical en tono menor, como precursor del Modernismo; América tiene en Zorrilla de San Martín un Bécquer americano, más refinado y más lleno de musical encanto que el triste poeta andaluz. Los versos de Zorrilla de San Martín son los más puros y bellos publicados en América antes de la renovación de la lengua que trajo el genio de Rubén Darío. Y es el verdadero precursor de este movimiento de madurez y superación estética americana. El final del siglo XIX es la aurora de la rica creación del siglo XX.

INDICE GENERAL

INDICE ONOMASTICO
DE AUTORES HISPANOAMERICANOS